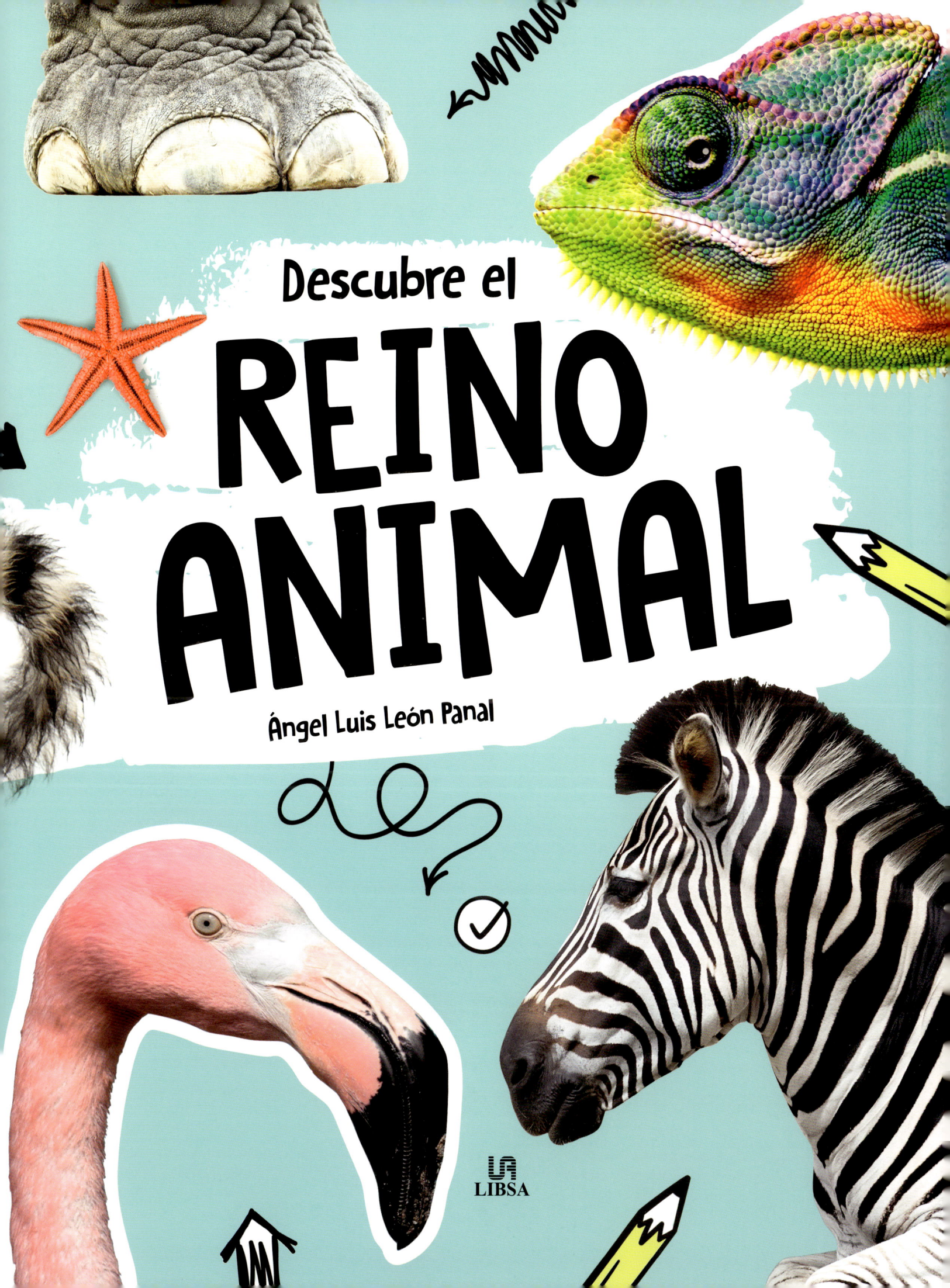

© 2024, Editorial Libsa
C/ Puerto de Navacerrada, 88
Polígono industrial Las Nieves
28935 Móstoles (Madrid)
Tel.: (34) 91 657 25 80
e-mail: libsa@libsa.es
www.libsa.es

ISBN: 978-84-662-4194-6

Textos: Ángel Luis León Panal
Edición: equipo editorial Libsa
Diseño de cubierta: equipo de diseño Libsa
Maquetación: Peñalver Madrid Diseño y Maquetación
y Equipo editorial Libsa
Fotografías e ilustraciones: Shutterstock Images,
Gettyimages y archivo Libsa.

DL: M 34653-2023

Contenido

Presentación

Por si no lo sabías (que seguro que sí), la Tierra está habitada por **millones de especies** que van desde bacterias minúsculas que no puedes ver hasta animales gigantescos. Tú solo conoces algunos y, como comprenderás, todos no caben en este libro, así que hemos tenido que seleccionar bastante. Y como no nos gusta ponértelo fácil, este no será un libro más sobre animales, sino una verdadera prueba para aspirantes a zoólogos como tú.

Para empezar, hemos dejado a los animales en los **huesos...** ¿Serás capaz de saber de quién hablamos solo observando su esqueleto? ¡Claro que sí! ¿Y qué tal si solo te mostramos una pequeña parte de su anatomía? De este modo, vas a ver páginas con **patas y garras, colas, picos, bocas y dientes o narices y hocicos.** Algunos serán muy característicos y otros no tanto, así que no te despistes.

No te pierdas las páginas más artísticas, aquellas que van a mirar de cerca los **patrones de camuflaje** de su manto, el **color** de cada animal y el vestido de **plumas** de algunas aves. Saber quién es quién va a subir tu categoría.

Pero si quieres acceder al nivel de experto, tendrás que adivinar qué animal es viendo solo de qué **huevo** sale, si es grande, pequeño o de determinado color, observando si tiene **púas, pinchos o caparazones** cubriendo su cuerpo o, simplemente, mirando sus **huellas** como un detective de la naturaleza.

Este libro es un gran juego en el que usarás tu ingenio (y algunas pistas que te damos) para resolver dudas y salir mucho más sabio de lo que empezaste. El paso a paso no tiene pérdida:

- Primero, **observa y lee** con mucha atención. Inesperadamente, una palabra cualquiera puede ser la clave para descubrir de qué se trata y acertar con la solución correcta.

- Fíjate también en que cada **fotografía** va numerada y se corresponde con un texto y un concepto.

- Pon especial atención en las **palabras destacadas** en negrita, porque te ayudarán a resolver el **autotest** de cada bloque.

- Al final del libro puedes encontrar todas las **soluciones** (de pág. 54 a pág. 64) y no debes preocuparte si aciertas muchas o pocas... ¡Siempre puedes repetirlo! ¡Además encontrarás la representación completa del animal!

- En este juego siempre gana el que más aprende y se divierte. Por eso te recomendamos que no leas solo: invita a tus **amigos** y formad equipos.

¿Quién ganará esta competición de conocimientos? ¡Deja tu huella!

Huesos

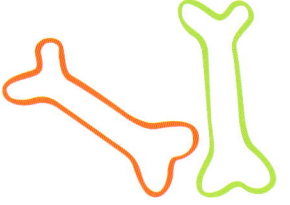

Los huesos ayudan a los animales a mantenerse en pie, moverse o proteger órganos como el cerebro o el corazón. Los mamíferos, las aves, los reptiles, los anfibios y los peces cuentan con esqueletos internos. Sin embargo, grupos como los insectos, los crustáceos o los arácnidos tienen una estructura conocida como exoesqueleto.

1

Este **primate** habita en algunas selvas de África, donde se alimenta de todo tipo de plantas. Vive en grupos de hasta 20 individuos que son dirigidos por un macho dominante. Si el macho es muy poderoso, su **espalda** será de **color plateado**.

2

¡Son los animales terrestres más **grandes** del planeta! Algunos ejemplares pueden crecer más de 3 m de altura y superar las 10 toneladas de peso. Gracias a su enorme tamaño, los adultos de esta especie viven en sabanas o selvas sin el temor a ser atacados por ningún depredador. Se alimentan de hierba que mastican con sus grandes muelas.

3

Es un **felino** ágil, solitario y depredador que habita en sabanas, bosques y selvas de gran parte de África, regiones de Asia y Oriente Medio.

Gracias a sus garras, puede trepar a los árboles para ocultarse, descansar o comer sin que le molesten.

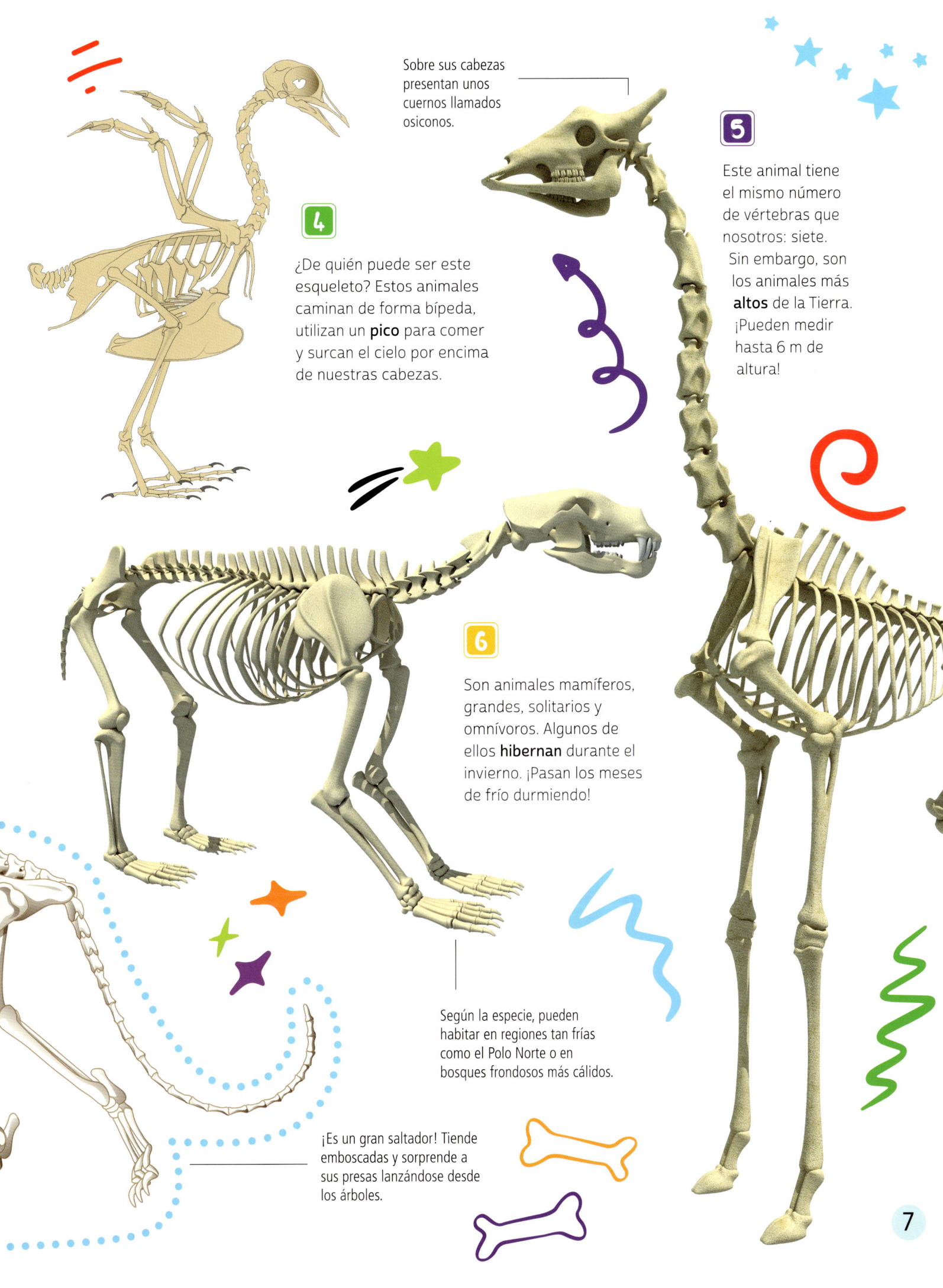

Sobre sus cabezas presentan unos cuernos llamados osiconos.

5

Este animal tiene el mismo número de vértebras que nosotros: siete. Sin embargo, son los animales más **altos** de la Tierra. ¡Pueden medir hasta 6 m de altura!

4

¿De quién puede ser este esqueleto? Estos animales caminan de forma bípeda, utilizan un **pico** para comer y surcan el cielo por encima de nuestras cabezas.

6

Son animales mamíferos, grandes, solitarios y omnívoros. Algunos de ellos **hibernan** durante el invierno. ¡Pasan los meses de frío durmiendo!

Según la especie, pueden habitar en regiones tan frías como el Polo Norte o en bosques frondosos más cálidos.

¡Es un gran saltador! Tiende emboscadas y sorprende a sus presas lanzándose desde los árboles.

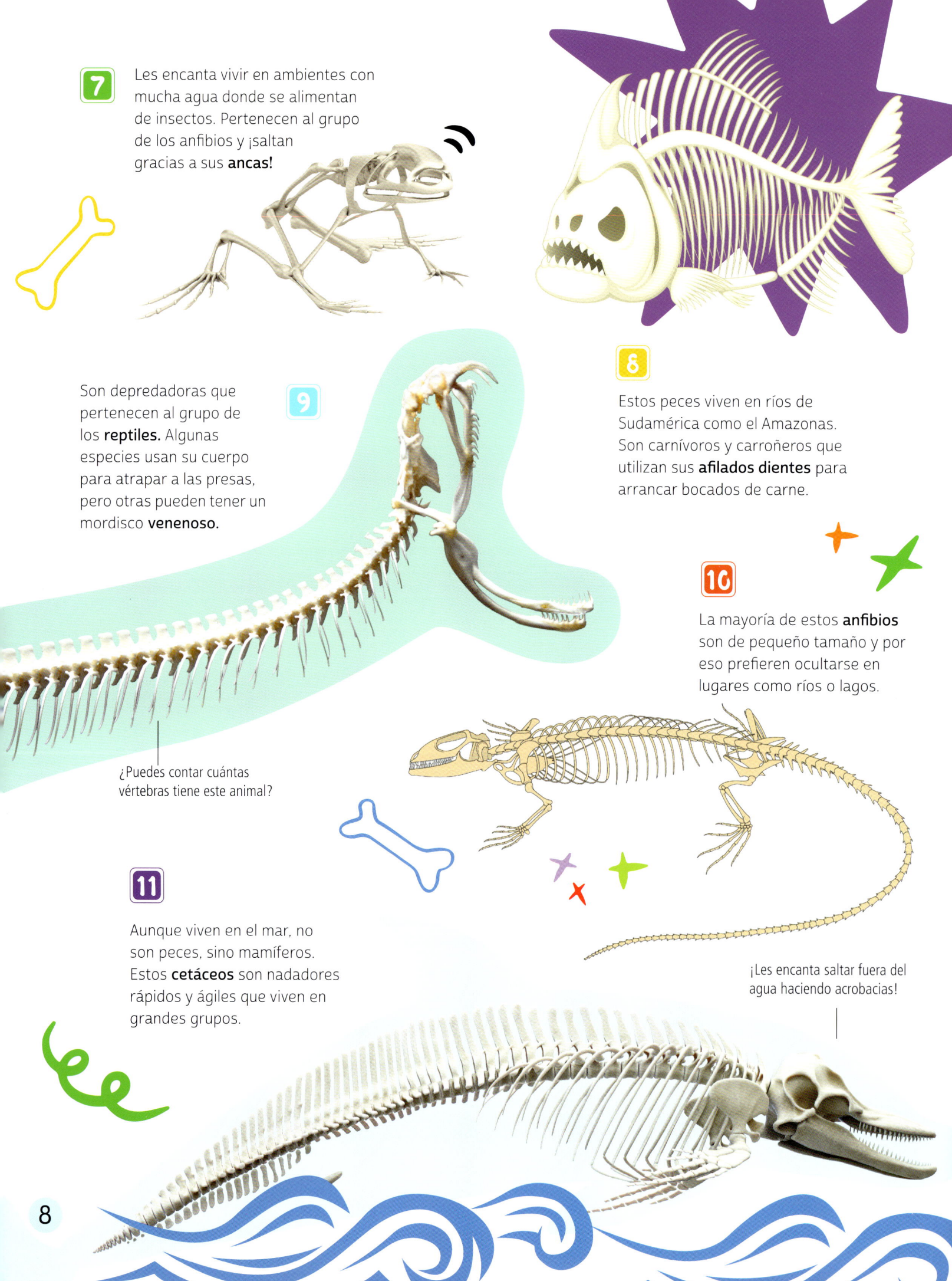

7 Les encanta vivir en ambientes con mucha agua donde se alimentan de insectos. Pertenecen al grupo de los anfibios y ¡saltan gracias a sus **ancas!**

9 Son depredadoras que pertenecen al grupo de los **reptiles.** Algunas especies usan su cuerpo para atrapar a las presas, pero otras pueden tener un mordisco **venenoso.**

¿Puedes contar cuántas vértebras tiene este animal?

8 Estos peces viven en ríos de Sudamérica como el Amazonas. Son carnívoros y carroñeros que utilizan sus **afilados dientes** para arrancar bocados de carne.

10 La mayoría de estos **anfibios** son de pequeño tamaño y por eso prefieren ocultarse en lugares como ríos o lagos.

¡Les encanta saltar fuera del agua haciendo acrobacias!

11 Aunque viven en el mar, no son peces, sino mamíferos. Estos **cetáceos** son nadadores rápidos y ágiles que viven en grandes grupos.

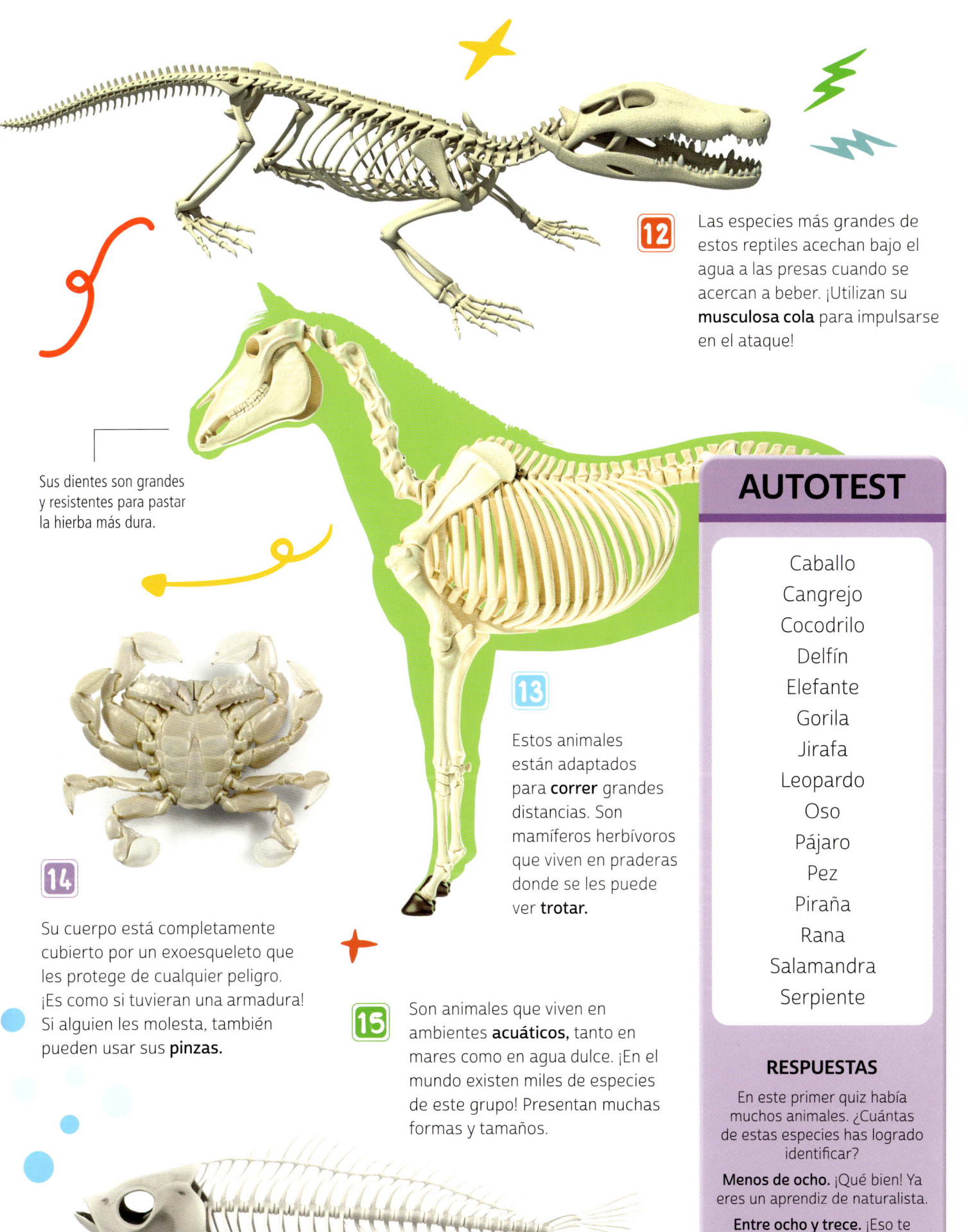

12 Las especies más grandes de estos reptiles acechan bajo el agua a las presas cuando se acercan a beber. ¡Utilizan su **musculosa cola** para impulsarse en el ataque!

Sus dientes son grandes y resistentes para pastar la hierba más dura.

13 Estos animales están adaptados para **correr** grandes distancias. Son mamíferos herbívoros que viven en praderas donde se les puede ver **trotar**.

14 Su cuerpo está completamente cubierto por un exoesqueleto que les protege de cualquier peligro. ¡Es como si tuvieran una armadura! Si alguien les molesta, también pueden usar sus **pinzas.**

15 Son animales que viven en ambientes **acuáticos,** tanto en mares como en agua dulce. ¡En el mundo existen miles de especies de este grupo! Presentan muchas formas y tamaños.

AUTOTEST

Caballo
Cangrejo
Cocodrilo
Delfín
Elefante
Gorila
Jirafa
Leopardo
Oso
Pájaro
Pez
Piraña
Rana
Salamandra
Serpiente

RESPUESTAS

En este primer quiz había muchos animales. ¿Cuántas de estas especies has logrado identificar?

Menos de ocho. ¡Qué bien! Ya eres un aprendiz de naturalista.

Entre ocho y trece. ¡Eso te convierte en un experto!

Más de trece. ¡Felicidades! Serás un genio de la zoología.

¿De quién son estas patas con grandes garras? Este animal tiene un tamaño pequeño y es muy difícil de ver porque **vive bajo tierra**. Gracias a sus garras puede cavar un sistema de túneles bajo el suelo. Acumula la arena excavada en pequeños montículos en la superficie.

Los túneles que cava son muy largos y le ayudan a encontrar su comida favorita. ¡Lombrices!

1

Esta pezuña es en realidad la punta de un dedo grande y cubierto de una dura estructura protectora conocida como **casco**. ¡Es como si caminaran de puntillas! Estos animales pueden trotar y recorrer grandes distancias gracias a esta adaptación.

Patas y garras

¿Cómo se desplazan los animales? Las especies cuentan con patas, aletas o alas que utilizan para moverse en diferentes hábitats. Observando cómo son estas adaptaciones podemos adivinar quiénes son y dónde viven.

Este grupo de peces existe desde hace aproximadamente 450 millones de años. ¡Son más antiguos que los dinosaurios!

3

Es un depredador que puede nadar a gran velocidad gracias a su **aleta caudal.** Utiliza la mayoría de sus aletas para guiar sus movimientos en el agua, mientras busca presas en el mar.

¡Algunas tienen hasta 20 brazos!

Este **estrellado** animal marino se mueve usando unos pequeños pies situados en la parte inferior de su cuerpo. ¡Pueden tener más de 15 000 patitas! Son depredadores de pequeños animales como las almejas.

4

6

Estos artrópodos son uno de los animales con **más patas.** Viven en muchos ambientes, desde el suelo de los bosques hasta cuevas. ¡Una de estas especies tiene más de 1300 patas!

5

Estas patas son rectas y robustas para soportar el **peso** del animal terrestre más grande del planeta. Además, dichos animales tienen en sus pies unas almohadillas de cartílago debajo del talón que funcionan como amortiguadores. Gracias a esta adaptación, estos mamíferos pueden caminar cientos de kilómetros para encontrar lugares con agua y comida.

7

¿Te imaginas cómo sería tener ocho brazos? Estos animales viven en el mar y pertenecen al grupo de los moluscos. Utilizan sus **ocho tentáculos** de forma muy hábil, tanto para nadar como para caminar por el fondo marino.

Cada tentáculo cuenta con dos hileras de ventosas que le sirven para atrapar presas o agarrar cosas.

La membrana de piel con la que están formadas sus alas se llama patagio.

8

¿Sabes cuáles son los **mamíferos que pueden volar?** En estos animales, sus patas delanteras se adaptaron para desarrollar alas con las que surcar los cielos. Muchos de ellos son nocturnos, pero también existen especies diurnas.

9

¿De quién puede ser esta mano que se parece a las nuestras? Estos animales viven en las selvas del sudeste de Asia, donde pasan la mayor parte del tiempo en los **árboles.** ¡En las alturas son muy útiles las manos diestras!

10

Este animal vive en **Australia,** tiene una cola muy musculosa y patas muy fuertes porque... ¡Es campeón de salto! Otra de sus curiosidades es que lleva a su bebé metido en una **bolsa** en la tripa, debe de estar muy calentito ahí hasta que aprenda a saltar..

Lo reconocerás por su voz: «pío, pío, pío».

11

Este pequeñín ha nacido en la **granja** de un papá muy madrugador y una mamá muy clueca. Tiene muchos hermanitos. Le encanta el maíz, quizá porque es amarillo... ¡igualito que él!

¡Sus garras son muy poderosas!

12 Esta **cazadora de vuelo** majestuoso tiene muy buena vista. Puede divisar una presa desde muy lejos, lanzarse en picado y atraparla con sus fuertes garras con uñas curvadas. Cuando extiende las alas, puede llegar a medir... ¡más de 2 m!

En su infancia fue un **renacuajo.** Vive en un estanque y tiene cuatro dedos en las patas delanteras y cinco en las traseras. Esos dedos se unen por una membrana para que pueda saltar y nadar con la misma eficacia.

13

14 El ave más grande del mundo **no sabe volar,** pero sí correr como una campeona. Por eso tiene dos patas muy largas, fuertes y musculosas, aunque solo tiene dos dedos en cada una. Si la atacan dará patadas...

¿Os gusta mi uniforme de rayas? ¡Es muy moderno!

15 ¡Cuidado con este animalito! Aunque parezca pequeño, es de los más grandes de su especie, sus ocho **patas peludas** son urticantes y su mordedura es venenosa. Pero tranquilo, solo te dará alergia, no te matará.

16 La familia de este animal es de dos tipos: unos tienen dos dedos y otros tres, pero siempre son curvados y sirven para agarrarse bien a los árboles, porque **duermen muchísimo** y son los animales más lentos que hay.

17

La pata de este animal tiene almohadillas para ser más sigiloso, pero bien escondidas tiene unas uñas que puede sacar cuando lo necesite para **arañar,** trepar o cazar. Además, son animales muy limpitos y usan las patas delanteras para acicalarse cada día.

Algunos los llaman mininos y para hablar, maúllan.

RESPUESTAS

¿Cuántas de estas especies has logrado adivinar? ¿Has descubierto la identidad de las misteriosas garras?

Menos de nueve. ¡Bien! El mundo necesita muchos aprendices de biología.

Entre nueve y dieciséis. Se nota que eres un gran experto.

Más de dieciséis. ¡Felicidades! Serás un genio de la zoología.

18

Es parecido a un lagarto, pero mucho más original: sus patas tienen cinco dedos con almohadillas **adhesivas.** Con ellas pueden caminar por cualquier superficie, incluso boca abajo... ¡como Spiderman!

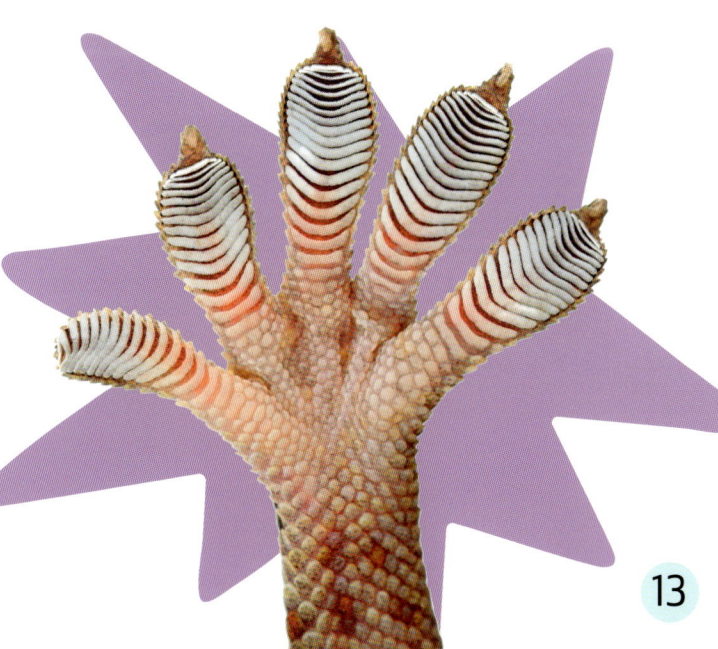

Colas únicas

Los animales pueden tener colas largas, cortas, de muy diferentes formas o incluso no tener ninguna. En muchas especies, las colas sirven para mantener el equilibrio o moverse entre las ramas de los árboles. Pero también es una herramienta útil para comunicarse con otros animales.

Estos animales son muy difíciles de ver porque usan colores verdes o marrones para ocultarse.

1 ¿De quién puede ser esta cola **con escamas?** Este reptil está adaptado para vivir entre los árboles y arbustos. Gracias a su larga cola, puede agarrarse a las ramas mientras busca lentamente su presa favorita: ¡los insectos!

Las aletas caudales de los peces son verticales, mientras que en los cetáceos dichas aletas son horizontales.

Esta especie africana es muy famosa por su cuello.

2 Esta aleta caudal es del animal más grande de la Tierra. Es un **mamífero marino** que usa su poderosa cola para nadar por los océanos. ¡Su aleta puede medir 4 m de ancho!

¡Estos mamíferos pueden alcanzar los 30 m de longitud y pesar 170 toneladas!

3 Además de ser los animales más altos del planeta, tienen la cola **más larga** de entre los mamíferos terrestres. ¡Puede medir más de 1 m! Esta cola es muy útil para espantar insectos.

4

Los machos de esta especie tienen colas con plumas brillantes y largas. ¡Algunas de estas plumas miden más de 1 m! Las despliegan en forma de **abanico** para atraer a las hembras durante el cortejo.

Son **anfibios** que pasan la mayor parte del tiempo en ambientes con agua. Cuando nacen, no tienen patas pero cuentan con una larga cola que les sirve para nadar.

5

Mediante la metamorfosis, pierden su cola y ¡le crecen cuatro patas!

6 ¿Sabes qué artrópodos presentan una cola tan extraña? Estos animales tienen en la punta de su cola un **aguijón** que usan para inyectar veneno a sus presas.

7 Las colas de los animales también pueden cumplir una función de comunicación. Estos peludos **compañeros** nos indican si están alegres o asustados utilizando sus colas de diferentes maneras.

8

Es la especie más famosa de una familia de primates que solo se cría en **Madagascar.** Viven en manadas de unos 30 ejemplares. Aunque son animales arbóreos, pueden pasar mucho tiempo en el suelo. Para comunicarse entre ellos, usan olores, sonidos y sus llamativas colas.

El aspecto de su cola da nombre a estos curiosos animales.

9 Lo más característico de este animal es su duro **caparazón,** del que sobresale la cabeza, las cuatro patas y una **cola no muy grande.** Van muy despacito por tierra, aunque las hay muy buenas nadadoras. Algunas pueden vivir cientos de años.

11 Es un animal alargado, que vive en el agua y da bastante miedo por tener una boca enorme con dientes poderosos. Tiene la piel dura y escamosa desde el hocico hasta la cola, que le sirve para nadar mejor. Normalmente solo verás **asomar sus ojos** por el agua...

10 Estos pequeños mamíferos están adaptados para vivir en los árboles, aunque también podemos verlos en el suelo buscando **frutos secos.** Sus colas les sirven para estabilizarse mientras saltan o corren.

Soy tan elegante, que tengo un lacito por detrás.

12 Este reptil tiene el cuerpo muy alargado –¡hasta 2,5 m!– y no tiene patas. En la punta de la cola tiene un **cascabel** que agita para que suene y así asustar a sus posibles enemigos. Y eso que tiene pocos, porque es muy, pero que muy venenoso.

13 Es rosa, regordete y con pelos muy rígidos y ásperos. Suele vivir en **granjas** y tiene dos peculiaridades: la nariz chata con dos agujeritos y la cola de cartílago, corta, fina y retorcida.

El que avisa no es traidor. Si oyes el cascabel... ¡huye!

14

Este animalito del bosque y de la granja tiene unas orejas muy grandes y unos dientes muy largos. Corre y salta con habilidad y vive en madrigueras. Su rabito es muy especial: un esponjoso **pompón.** ¿Ya sabes quién es?

Al dueño de esta colita de algodón le encantan las zanahorias.

15 Son animales acuáticos con el cuerpo cubierto de brillantes escamas. En lugar de patas, tienen **aletas.** Una de ellas es su cola, por eso se llama aleta caudal. Puede ser de muchas formas y colores, pero siempre la usa para impulsarse y cambiar de dirección.

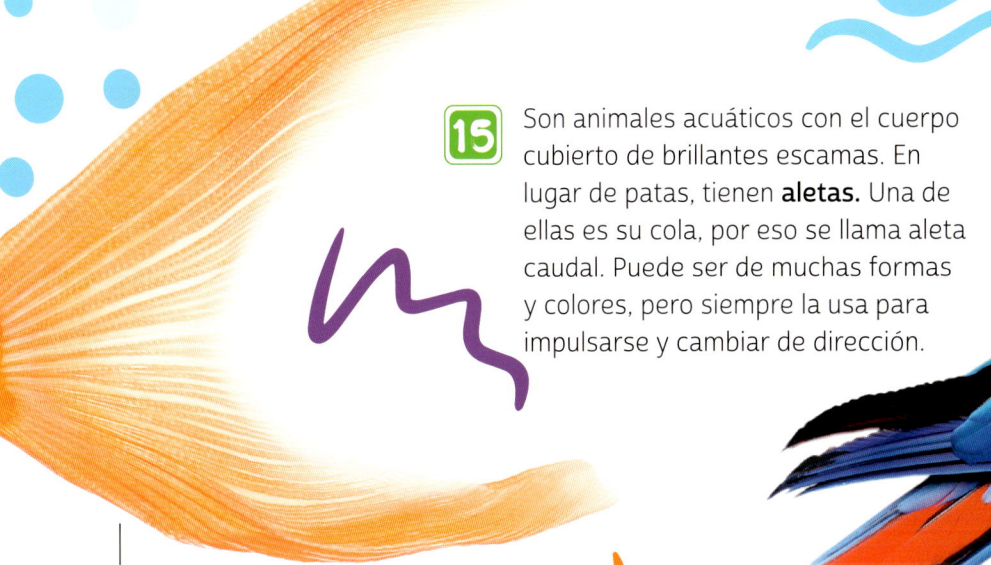

Esta cola funciona como un timón para girar.

16

Si te digo que vuela, tiene plumas de colores y es un animal **muy charlatán,** seguro que se te ocurre quién es. Fíjate en su cola: sus largas plumas le sirven para equilibrarse y pueden abrirlas como un abanico para estabilizarse.

17

Uno de su especie llamado Mickey es un dibujo animado muy famoso...

Este animalito tiene el cuerpo cubierto de pelo, pero la cola no. Es tan larga, que mide más que todo el resto del cuerpo. Última pista: le encanta el **queso...**

Picos originales

Las aves se diferencian del resto de animales porque tienen plumas, pero también picos. Esta estructura tiene una función similar a la de los dientes. En el mundo existen muchos tipos de aves, que podemos identificar observando la forma de sus picos.

¡Cuando están comiendo ponen la cabeza boca abajo para filtrar el agua!

1 Estas aves son famosas por tener plumas **rosas** y **largas patas.** Les gusta comer algas microscópicas y pequeños crustáceos que atrapan con su pico curvado. Gracias a unas láminas dispuestas en el interior de su boca pueden filtrar la comida, mientras que el agua que les sobra la expulsan con su lengua.

2 Son **animales semiacuáticos** que podemos encontrar en ríos y lagos de gran parte del planeta. Se alimentan de pequeños animales como moluscos, insectos y crustáceos que atrapan con su pico. Pero también les gusta comer plantas y semillas.

Los picos de estas aves están cubiertos por una piel sensible. ¡Esta adaptación les ayuda a encontrar su comida en el agua turbia o el barro!

Su alimento favorito son los pequeños peces que atrapa en la superficie del mar.

3 Su **pico** es uno de los más raros de entre todas las aves. ¡Parece una **cuchara!** Esta forma es una adaptación eficaz para capturar pequeños animales que nadan en la superficie de lagos y ríos.

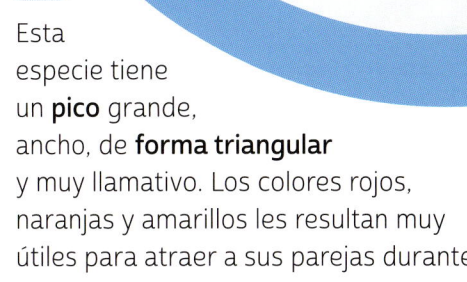

4 Esta especie tiene un **pico** grande, ancho, de **forma triangular** y muy llamativo. Los colores rojos, naranjas y amarillos les resultan muy útiles para atraer a sus parejas durante la época de cortejo.

5 ¿Qué aves tienen un pico tan grande y llamativo? El **pico** de esta especie es de color **amarillo anaranjado** y ¡puede medir hasta 23 cm de largo! Aunque parece una estructura pesada, en realidad en su mayoría son huecos.

El pico de estas aves también les sirve para comunicarse entre ellas. ¡Con él hacen un sonido similar al de unas castañuelas!

Una de las funciones de este pico es eliminar el calor corporal del animal. ¡Igual que hacen las enormes orejas del elefante!

6 Estos animales se alimentan de insectos, lombrices, reptiles, ranas y pequeños mamíferos como ratones o musarañas. Para capturar a sus presas, caminan muy atentos entre la vegetación y los atrapan con su **largo pico.**

7 El pico **negro** y **curvado** de estos animales es una adaptación muy eficaz para romper las cáscaras de semillas duras. ¡En las selva no hay nuez que se le resista!

Estas aves también pueden usar su pico para trepar por las ramas de los árboles.

8 Es una de las aves con los picos más grandes del mundo. ¡Puede medir entre 18 y 24 cm de largo! Gracias a este **enorme pico**, captura peces de gran tamaño que se acercan a la superficie del agua.

Barre la superficie del agua de lado a lado con su pico.

El nombre de estos animales hace referencia a la forma de zapato que tiene su pico.

9 Esta especie **vive** en zonas de costas como las **playas** o las **marismas.** Gracias a su largo y curvado pico, capturan pequeños crustáceos que nadan en las aguas poco profundas de las orillas.

10 Para poder nacer, muchas aves necesitan una **estructura especial** conocida como «diente de huevo», aunque en realidad no es diente. Estos pequeños rompen la cáscara con «diente de huevo» y luego lo pierden a los pocos días de salir del cascarón.

AUTOTEST

Águila
Avoceta común
Cigüeña
Cuervo
Espátula
Flamenco
Frailecillo
Loro
Ornitorrinco
Pato
Pelícano
Picozapato
Pingüino
Pollito
Tucán

RESPUESTAS

En esta prueba hemos conocido a muchos tipos de aves. ¿Cuántas has conseguido adivinar?

Menos de ocho. Eres un aprendiz de naturalista. ¡Sigue así!

Entre ocho y trece. ¡Ya eres un experto!

Más de trece. ¡Felicidades! Eres un genio de la zoología.

11 Estas aves cuentan con un **poderoso pico,** curvado y afilado que usan para matar a sus presas y arrancar trozos de carne. ¡Son unas depredadoras increíbles!

La forma de este tipo de pico es conocida como aquilino.

Algunas de estas aves han aprendido a lanzar nueces a las carreteras. Así los coches las rompen cuando las pisan. ¡Son muy listas!

12

Son animales muy habilidosos. No les hace falta tener manos, ya que con sus **picos** pueden usar ramitas a modo de **herramientas** para conseguir un tentempié.

Esta especie pertenece a un raro grupo de mamíferos que ¡también ponen huevos!

Este animal es un infiltrado. No es un ave, sino un **mamífero semiacuático** endémico de algunas regiones de Australia. Su hocico se asemeja a un pico. Lo utiliza para localizar a sus presas bajo el agua gracias a un conjunto de electrorreceptores situados en la piel.

13

El hogar de este animal se encuentra en la Antártida. ¡Soporta muy bien el frío!

Estas aves **no pueden volar,** pero están perfectamente adaptadas para nadar velozmente en mar abierto. Se alimenta de peces, pequeños crustáceos como el krill y calamares que atrapa con su estilizado pico.

14

A veces, estos animales se reúnen en grandes grupos para acorralar a los peces.

15

Son famosos por su largo pico que tiene un **gran saco** en la parte inferior. Gracias a esta estructura, capturan peces dando un enorme trago de agua.

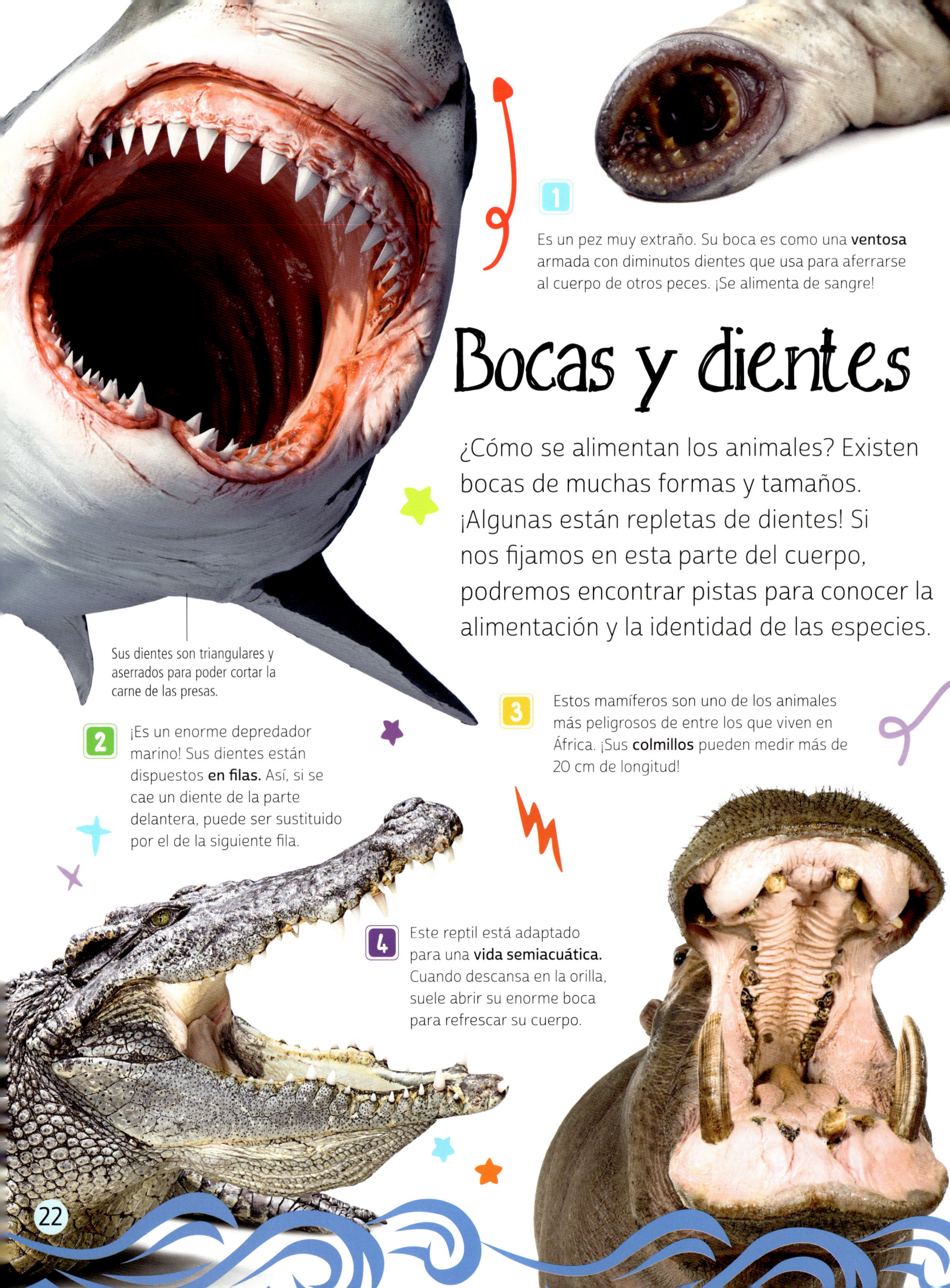

1

Es un pez muy extraño. Su boca es como una **ventosa** armada con diminutos dientes que usa para aferrarse al cuerpo de otros peces. ¡Se alimenta de sangre!

Bocas y dientes

¿Cómo se alimentan los animales? Existen bocas de muchas formas y tamaños. ¡Algunas están repletas de dientes! Si nos fijamos en esta parte del cuerpo, podremos encontrar pistas para conocer la alimentación y la identidad de las especies.

Sus dientes son triangulares y aserrados para poder cortar la carne de las presas.

2 ¡Es un enorme depredador marino! Sus dientes están dispuestos **en filas.** Así, si se cae un diente de la parte delantera, puede ser sustituido por el de la siguiente fila.

3 Estos mamíferos son uno de los animales más peligrosos de entre los que viven en África. ¡Sus **colmillos** pueden medir más de 20 cm de longitud!

4 Este reptil está adaptado para una **vida semiacuática.** Cuando descansa en la orilla, suele abrir su enorme boca para refrescar su cuerpo.

5 Es un reptil sin dientes. ¡No los necesita! Con su boca en **forma de pico** puede dar bocados a su comida favorita.

Los depredadores cuentan con dientes largos y afilados conocidos como **caninos o colmillos.** Este felino es un gran animal con unos colmillos que llegan a medir 9 cm. **6**

Sus ojos están adaptados para tener una mejor visión bajo el agua.

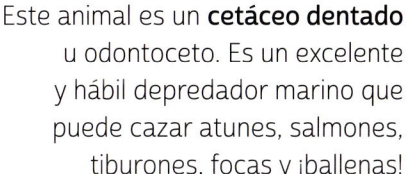

También tiene otros dientes que utiliza para cortar carne y huesos.

7 Este mamífero marino es un ágil nadador que se alimenta de peces y otros pequeños animales. Utiliza sus **bigotes** para seguir las vibraciones que las presas producen en el agua.

Este animal es un **cetáceo dentado** u odontoceto. Es un excelente y hábil depredador marino que puede cazar atunes, salmones, tiburones, focas y ¡ballenas! **8**

AUTOTEST

Avestruz

Cocodrilo

Foca

Hipopótamo

Lamprea

Orca

Tiburón

Tigre

Tortuga

9 Al igual que otras aves, esta especie no tiene dientes y por eso no puede masticar la comida. Utiliza su **pico** para recoger semillas, frutos, hierba e incluso atrapar pequeños animales.

RESPUESTAS

¿Cuántas bocas has logrado adivinar? ¿Has descubierto la identidad del pez vampiro?

Menos de cinco. ¡Eres un gran aprendiz de biología!

Entre cinco y ocho.¡Felicidades! Ya eres un experto en animales.

Más de ocho. ¡Genial! Vas camino de ser un genio de la zoología.

Sus dientes son fuertes y afilados para poder agarrar a las presas.

La lengua de esta especie está cubierta de pequeños ganchos y una saliva pegajosa.

1

Es un animal que se **alimenta** de un gran grupo de presas como **insectos**, **crustáceos,** arañas, lombrices, caracoles, huevos, ranas o incluso pequeños reptiles y mamíferos. También le gusta comer frutas y semillas de diferentes plantas.

Gracias a su lengua bífida puede perseguir y encontrar a sus presas.

2

Este animal se alimenta de hormigas y termitas. Cuando encuentra un hormiguero o un termitero, lo abre con sus fuertes garras y usa una **larguísima lengua** para capturar a los insectos. ¡Su lengua puede medir hasta 60 cm de largo!

Lenguas

En la lengua se encuentra el sentido del gusto, pero para muchos animales las lenguas no solo sirven para saborear la comida. Algunas especies usan este órgano para rastrear olores, capturar presas o incluso como si fuera otra extremidad. ¡Son muy útiles!

3

La lengua de estas aves tiene un **tamaño pequeño** para facilitar que pueda tragar grandes peces. Además, poseen un pico muy especial que usan para atraparlos.

La parte inferior de su pico es una bolsa grande y flexible.

4

Estos reptiles usan sus **lenguas bífidas** para buscar pareja o seguir el rastro de sus presas. Gracias a sus lenguas, pueden recoger moléculas presentes en el suelo o el aire que luego analizan con el órgano vomeronasal, situado en el paladar.

La lengua es de color negro y púrpura para protegerse de las quemaduras solares.

5

La lengua es un **órgano musculoso** que este animal usa cuando quiere beber agua. Para conseguirlo, curva la lengua dentro del agua y la extrae rápidamente mientras cierra la boca.

6

Esta especie tiene una lengua muy larga que ¡puede medir entre 45 y 50 cm de longitud! Es una **lengua prensil** que le sirve para alcanzar las hojas de las ramas más altas.

7

Al igual que el resto de aves, esta especie **no cuenta con dientes** para atrapar a sus presas. Por eso su lengua tiene muchos ganchos con los que agarra peces y krill.

AUTOTEST

Cacatúa
Jirafa
Lagarto
Oca
Oso hormiguero
Pelícano
Perro
Pingüino
Serpiente

RESPUESTAS

¿Cuántos animales has descubierto? ¿Has adivinado qué especie tiene una lengua prensil?

Menos de cinco. ¡Estupendo! Eres un aprendiz maravilloso.

Entre cinco y ocho. ¡Bravo! Eres un zoólogo experto.

Más de ocho. ¡Eres un genio!

8

Estas aves se **alimentan de hierba y plantas** acuáticas que tienen que arrancar y raspar. Por este motivo, sus lenguas presentan unas estructuras duras y puntiagudas que hacen la función de los dientes.

9

El pico de esta especie está adaptado para **romper cáscaras** y abrir frutos. Después, recoge las semillas usando una **lengua muy hábil.**

Esta especie es nativa de algunos bosques de Australia y Nueva Guinea.

En sus picos también poseen una adaptación que parecen dientes, pero no lo son. Es un borde afilado que se conoce como *tomium*.

Narices y hocicos

En muchas especies la nariz se sitúa en el rostro. Además de usarla para respirar, en el interior de la nariz se encuentra el sentido del olfato. Sin embargo, en el reino animal también podemos encontrar increíbles ejemplos de especies con narices y hocicos muy peculiares.

1 Este pez vive en los océanos donde busca bancos de peces más pequeños para alimentarse. Es un animal muy rápido que ¡alcanza más de 30 km/h! Utiliza su morro en **forma de espada** para separar a sus presas del grupo.

Son unos animales muy grandes. ¡Pueden medir más de 3 m de longitud!

2 Son primates famosos por poseer una **gran nariz** o probóscide. Este rasgo solo está presente en los machos de la especie, aunque las hembras también tienen la nariz algo grande. Gracias a este tamaño pueden aumentar el volumen de sus llamadas.

3 ¿Quiénes son estos insectos tan extravagantes? Esta especie tiene una **larga protuberancia** en la cabeza que recuerda a un cuerno o nariz alargada.

4 Estos mamíferos son **animales semiacuáticos** que viven en regiones costeras o playas desde donde pueden acceder al mar. Les gusta comer peces y calamares que atrapan mientras bucean. Para no ahogarse, sus narices se cierran automáticamente en cuanto tocan el agua.

En el interior del agua, estos animales no pueden oler. ¡Pero cuentan con su visión y bigotes para guiarse!

Su sentido de la vista es malo, pero eso no importa porque cuenta con un olfato que es 40 veces más sensible que el de los humanos.

Con su trompa también pueden barritar o emitir muchos tipos de sonidos.

5

¿Por qué tiene este animal un hocico tan alargado? Esta adaptación le sirve para llegar hasta su **comida** favorita: las **hormigas** y **termitas** que se esconden en el interior de los hormigueros o termiteros.

6

El animal terrestre más grande de la Tierra también se caracteriza por tener una **larga trompa** o probóscide. Con ella, consigue alcanzar las ramas más altas de los árboles, tomar agua para llevársela a la boca y muchas más cosas. ¡Es una adaptación muy útil!

7 Este pez de **aspecto primitivo** se caracteriza por tener un largo rostro en forma de espátula. En esta estructura posee un conjunto de electrorreceptores que le ayudan a detectar la presencia de zooplancton para comer.

8

El hocico de este mamífero está formado por una estructura semejante a un **pico cubierto por una piel suave.** Cuando bucea, cierra sus ojos, oídos y nariz mientras busca comida gracias a los electrorreceptores de su hocico.

9

Estos peces son famosos por sus grandes cabezas planas y con **forma de martillo.** En la parte inferior de su rostro cuentan con electrorreceptores que usan para detectar a las presas que se ocultan en el fondo marino.

1

Estas aves tienen su cabeza coronada por un casco de color amarillo y negro. Este casco presenta dos **crestas** que vistas de frente tienen **forma de «U».** Es un rasgo que podemos ver tanto en machos como en hembras.

2

Los **cuernos** de estos animales se llaman osiconos. Son unas estructuras cubiertas de piel y hechas de cartílago. Entre las hembras, los **osiconos** suelen ser delgados y tienen un penacho de pelo en la parte superior. En los machos terminan en forma de perilla y suelen estar calvos.

Cabezas coronadas

Las cabezas de muchas especies están coronadas con cuernos, astas o estructuras parecidas. Estas adaptaciones son muy útiles como método de defensa frente a los depredadores, pero también sirven para luchar en la época de reproducción.

3

Estos animales tienen unos cuernos muy peculiares con **forma de sacacorchos.** En los machos, estos cuernos pueden crecer hasta los 160 cm de longitud, mientras que en las hembras son mucho más pequeños ya que no superan los 25 cm de longitud.

4

Además de usarlos en la defensa, muchos animales tienen cuernos para luchar entre ellos por el derecho a aparearse. En esta especie, solo los machos cuentan con **astas ramificadas** y afiladas. Los ejemplares más grandes pueden tener una cornamenta de... ¡más de 1 m de longitud y 5 kg de peso!

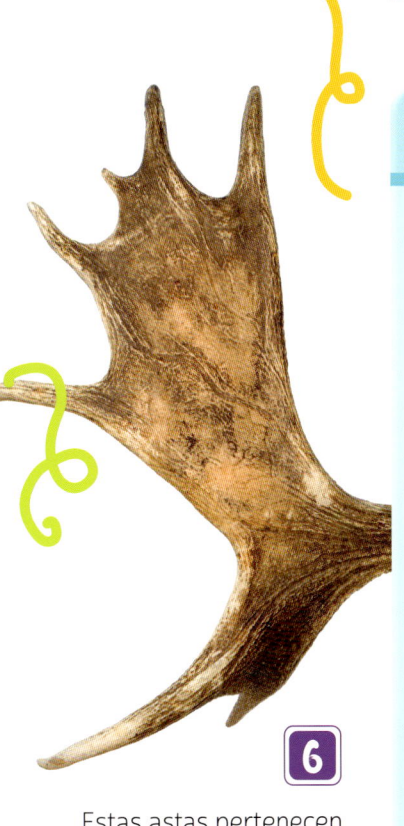

AUTOTEST

Alce
Cálao
Camaleón cornudo
Ciervo
Jirafa
Marjor
Narval
Pez cuerno
Rinoceronte

RESPUESTAS

¿Cuántas de estas cabezas coronadas has conseguido adivinar? ¿Has identificado al animal que solo podemos encontrar en el mar?

Menos de cinco. ¡Bien! Eres un aprendiz increíble.

Entre cinco y ocho. ¡Bravo! Eres un experto en zoología.

Más de ocho. ¡Nueve! ¡Vaya genio estás hecho!

Es la especie de ciervo más grande del mundo.

5

En realidad, el cuerno de este cetáceo es un largo y **retorcido colmillo** que crece hasta los 2 m de largo y pesa 10 kg. Solo los machos presentan esta increíble adaptación.

6

Estas astas pertenecen a una especie donde solo los **machos** lucen grandes **cornamentas.** ¡Pueden medir 3 m de un extremo a otro! Utilizan las astas para impresionar a las hembras y luchar con otros machos.

7

Estos peces de agua dulce no existen en estado salvaje. Su extraño aspecto fue creado gracias a la **hibridación** entre varias especies. En algunos países pueden ser dañinos para el medioambiente si se liberan a ríos o lagos.

8

Es un animal africano famoso por los cuernos que le crecen sobre la nariz. A diferencia de otras especies, estos **cuernos** no son de hueso sino **de queratina,** que es la misma sustancia con la que están hechas nuestras uñas y pelo.

9

Los machos de estos **reptiles** tienen tres grandes **cuernos.** ¡Se parecen a los cuernos de los *Triceratops*! No los utiliza para luchar, sino para exhibirse ante las hembras.

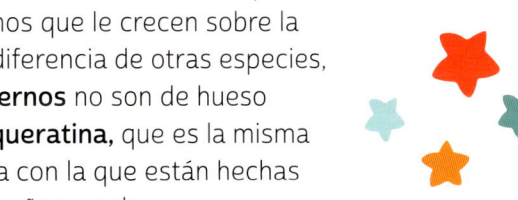

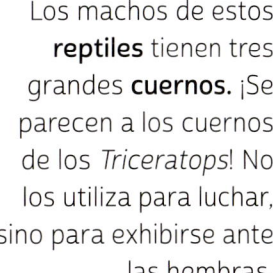

Patrones de camuflaje

En la naturaleza, los patrones de rayas o puntos son mucho más que un vestido elegante. Si estos patrones están hechos con colores claros u oscuros pueden ser una adaptación para camuflarse, mientras que los colores atractivos sirven como advertencia.

1 Estos depredadores son de color **anaranjado con rayas negras,** además de blancos en la parte ventral. Para cazar, se esconden entre la hierba alta desde donde acechan a sus presas. ¡Las rayas les ayudan a camuflarse!

Las rayas verticales de estos animales son únicas en cada individuo.

Los bebés de esta especie heredan algunos rasgos de los patrones de sus madres.

2 El pelaje de estos animales está adornado con **manchas marrones** oscuras o negras y rayas claras o blancas. Cuando son pequeños, este patrón es muy útil para camuflarse entre la vegetación. Cada patrón es único y les ayuda a identificarse entre ellas.

Visten un llamativo traje de color **blanco con rayas negras.** ¡No hay dos individuos que tengan las mismas rayas! Este patrón es muy útil para reconocerse entre ellas, pero también les sirve para que no les piquen insectos como los tábanos.

3

4

Durante siglos, esta especie ha acompañado a los humanos y se ha **domesticado.** Existen muchas razas con distintos tamaños, formas y colores. Una de estas razas es de color **blanco y con motas negras.** ¡Son protagonistas los 101 de una famosa película!

Cuando nacen, los cachorros de esta raza son completamente blancos.

Son peces que no tienen escamas.

5

Esta especie es un **depredador** que habita en varias regiones de África y Asia. Según el sitio donde viva, su pelo puede ser de color **amarillo claro** o dorado oscuro. Está cubierto por **manchas negras** que le ayudan a camuflarse entre la vegetación.

Algunos ejemplares pueden ser completamente negros.

6

La piel de este pez es **negra** y está adornada por **círculos de color amarillo.** ¡Parece un traje de flamenca! Esta especie es endémica de algunos ríos de Brasil, aunque también es criada por los humanos por su belleza.

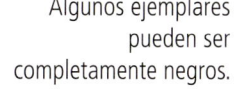

Podemos distinguir las distintas especies de su familia gracias a sus diferentes patrones de colores, rayas o círculos.

Estos animales se mueven reptando porque no tienen patas.

7 Las **escamas** de estos **reptiles** son de colores marrones y negros, con diversas tonalidades oscuras y claras. Este aspecto parece muy vistoso, pero en realidad les ayuda a esconderse entre la hojarasca o la vegetación de la selva.

En cada milímetro de sus alas podríamos contar cientos de escamas. ¡Son diminutas!

8 Estos insectos tienen **grandes alas** que están recubiertas por **escamas.** Según la especie, las alas pueden estar adornadas con distintos dibujos o apariencia gracias a los colores de sus escamas. Estos patrones tienen muchas funciones, como el camuflaje o la comunicación.

AUTOTEST

Cebra

Dálmata

Iguana

Jirafa

Leopardo

Mariposa Monarca

Oruga

Pez payaso

Pez pepita

Salamandra

Serpiente Pitón

Tarántula

Tigre

RESPUESTAS

En esta prueba hemos visto muchos patrones elegantes. ¿Cuántos de estos animales has logrado identificar?

Menos de siete. ¡Bravo! Eres un aprendiz de naturalista.

Entre siete y once. ¡Increíble! Eres un experto en animales

Más de once. ¡Eres genial!

9 Estos **anfibios** son de color **negro** con **manchas** y **rayas amarillas** muy llamativas. Este aspecto es una adaptación para avisar de que tiene veneno en la piel.

La piel de estos animales está adaptada para vivir en ambientes húmedos.

 10

Son **reptiles** que pasan la mayor parte del tiempo entre las ramas de los árboles. Son de **color verde** para camuflarse entre la vegetación, pero también tienen una cola con rayas negras. ¡Esta coloración es un aviso de que pueden usarla como un látigo!

Esta especie se refugia entre los tentáculos de las anémonas porque es inmune a su veneno.

 11

Estos peces son muy llamativos por su color **naranja brillante** y el patrón de **rayas blancas** y negras. Este aspecto es una señal para reconocer a miembros de su misma especie, pero también para advertir de que ¡viven junto a una anémona venenosa!

12

Muchos insectos usan **patrones de colores llamativos** para advertir de que contienen toxinas y venenos. ¡Así los depredadores los dejan tranquilos mientras comen plantas!

Estos artrópodos tienen pelos urticantes en el abdomen que pueden lanzar al aire cuando se frotan con sus patas.

Después de pasar varios meses comiendo y creciendo, se convertirá en una mariposa.

 13

Es un **gran arácnido** que podemos encontrar en algunas regiones de México. Sus **patas** son de color **negro** y **rojo** para advertir a otros animales de que es una especie venenosa.

1. La piel de estos animales es en realidad negra, para así poder acumular mejor el calor. ¡Sus pelos no son blancos sino translúcidos! Gracias a esta adaptación, tienen el **mismo color que la nieve** y pueden camuflarse en ella.

Colores vivos

Los seres vivos usan los colores para transmitir información. Por ejemplo, algunos animales presentan un color llamativo como una señal de advertencia o para el cortejo. Aunque los colores también sirven para ocultarse en su ambiente.

¡Puede confundirse con un montón de nieve!

¡Su cuerpo está recubierto por miles de púas defensivas!

2. El cuerpo de estos artrópodos es completamente **negro, marrón o amarillento.** Esta coloración les ayuda a ocultarse entre las piedras, la hojarasca o los troncos caídos.

Son animales depredadores que tienen una cola venenosa.

3. Entre los mamíferos, el **albinismo** se produce por una mutación en el gen para crear el pigmento melanina. Debido a la falta de pigmentos, la piel y los pelos de estos animales son blancos y sus ojos tienen un color rojo.

Se alimentan de pequeños animales, como peces y crustáceos, que atrapan con sus tentáculos venenosos.

4 Estos animales suelen tener un cuerpo blando y **transparente** que recuerda a las gelatinas. Pero otras especies lucen con colores morados, rosas, azules, amarillos e incluso pueden ser **luminiscentes.**

Cada ejemplar tiene sobre su espalda una serie de puntos negros únicos.

5 El **color marrón** es un **camuflaje** útil en lugares como las praderas o los bosques. Muchos herbívoros, pequeños y grandes, cuentan con esta adaptación para ocultarse de los depredadores.

6 Muchas especies de anfibios cuentan con una **piel venenosa** como método de defensa. Estos animales advierten a los depredadores con colores **rojos, amarillos, naranjas** e incluso **azules.**

El color azul brillante no se debe a la presencia de pigmentos, sino a la iridiscencia. Sus escamas microscópicas pueden reflejar la luz de esta forma tan fascinante.

7 El interior de las **alas** de estos insectos es de **color azul brillante.** Se trata de una adaptación que sirve como advertencia, ya que son tóxicas para sus depredadores.

8 Estos **insectos** viven ocultos entre la vegetación. Gracias a su **color verde,** pueden pasar desapercibidos entre las hojas y las ramas mientras acechan a otros insectos. Son muy sigilosos y atrapan a sus presas con un ataque muy rápido.

El arma secreta de este animal son sus patas delanteras con púas.

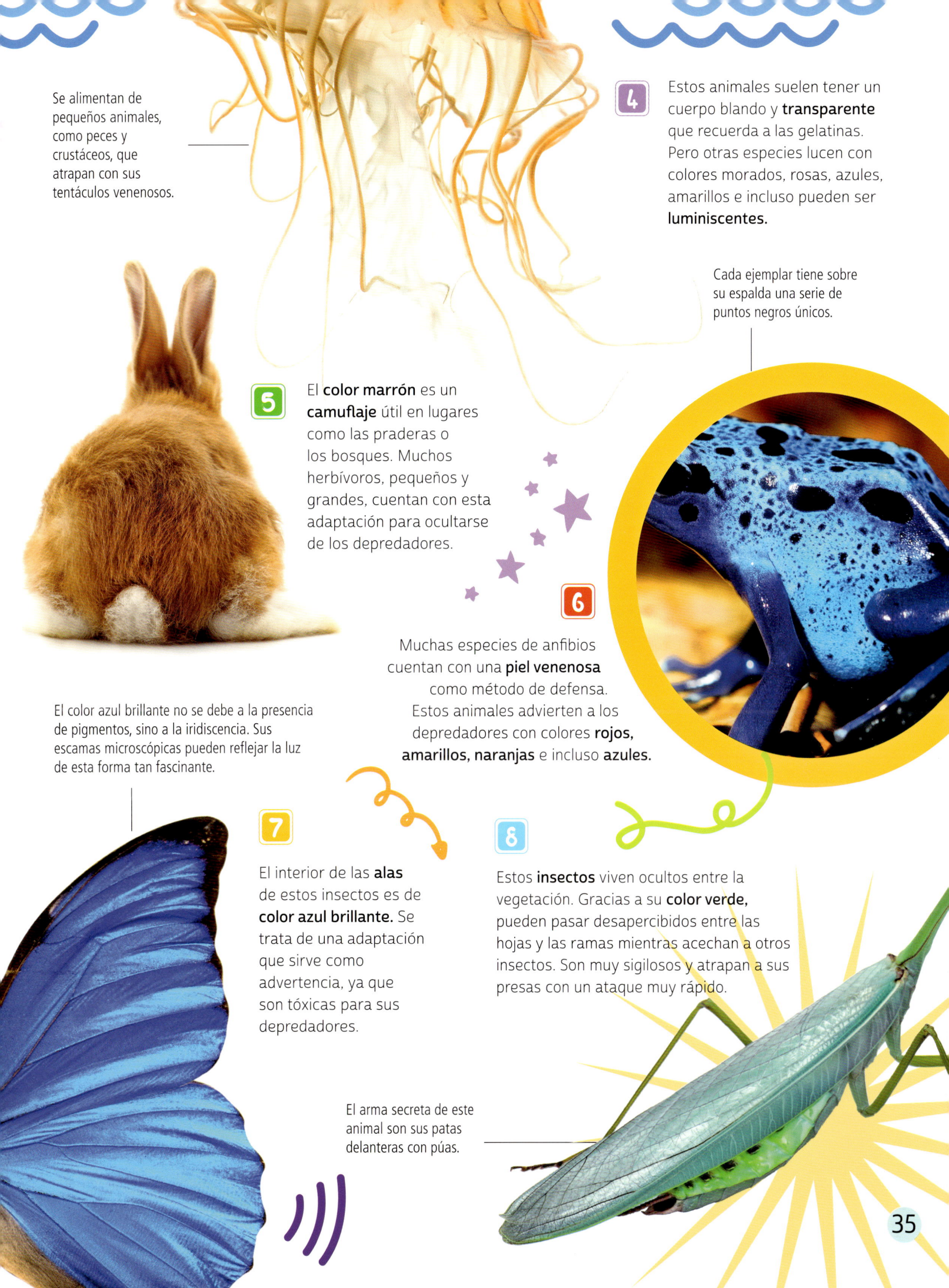

9

Muchas especies son de color **verde** para ocultarse entre la **vegetación.** Estos anfibios trepan a los árboles usando patas adhesivas, pero también son unas excelentes saltadoras y nadadoras gracias a que tienen unas musculosas ancas.

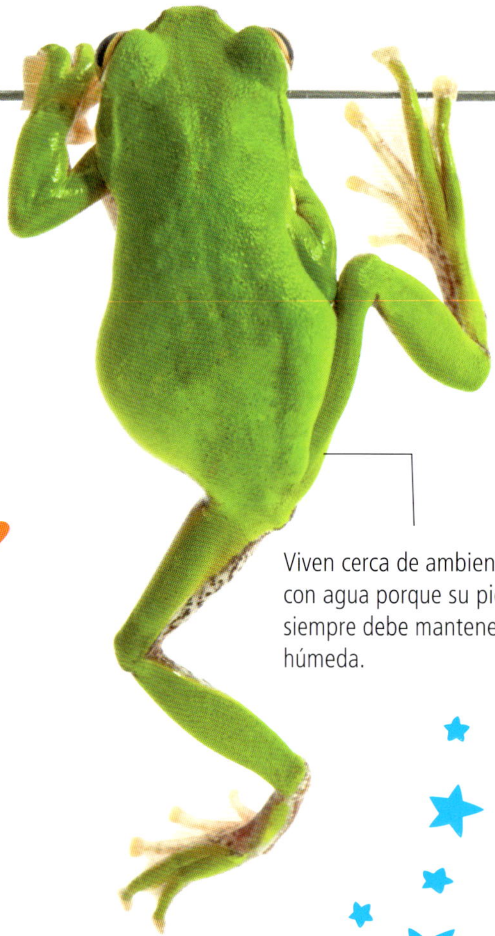

Viven cerca de ambientes con agua porque su piel siempre debe mantenerse húmeda.

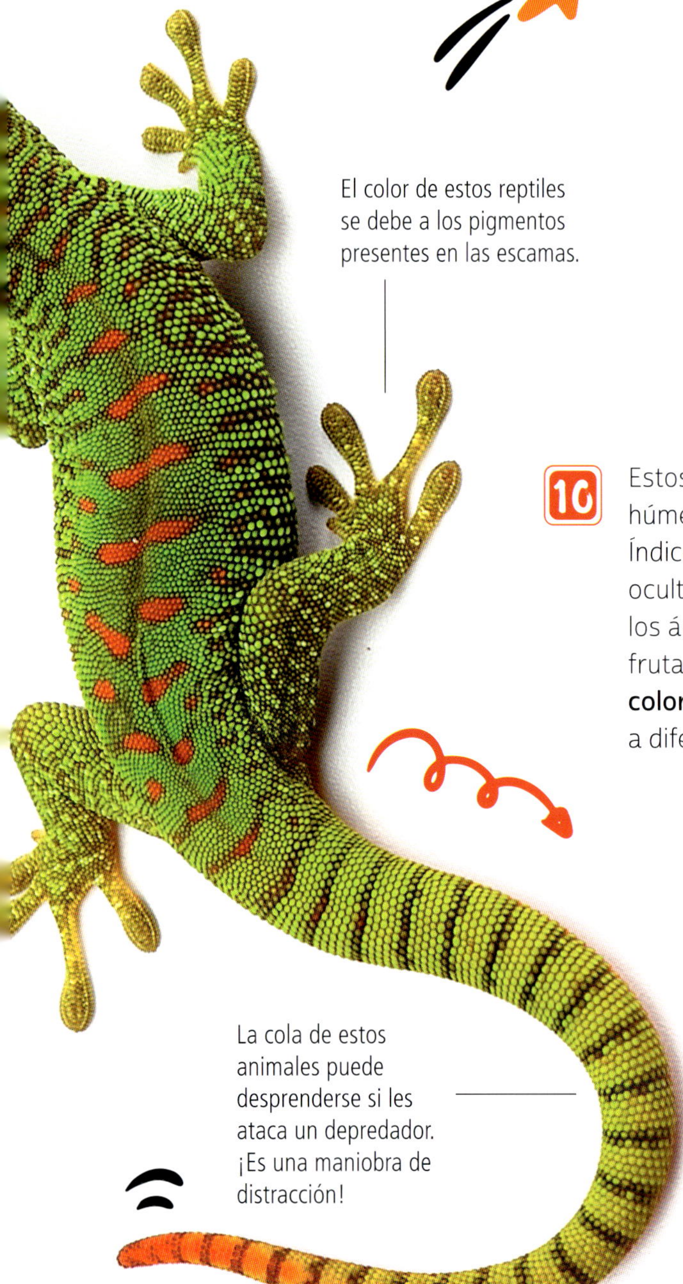

El color de estos reptiles se debe a los pigmentos presentes en las escamas.

La cola de estos animales puede desprenderse si les ataca un depredador. ¡Es una maniobra de distracción!

10

Estos animales viven en bosques húmedos de algunas islas del océano Índico. Gracias a su color verde pueden ocultarse entre las hojas y ramas de los árboles mientras buscan insectos y fruta. También cuentan con **manchas de color rojo, naranja o azul** que les ayudan a diferenciarse de otras especies.

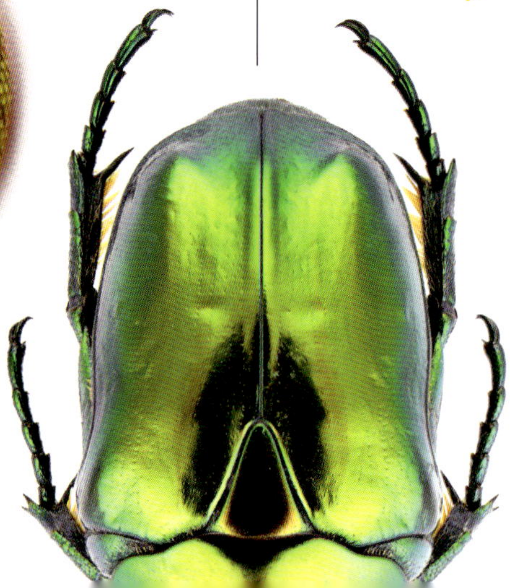

Tienen cuatro alas. Dos de ellas son duras y brillantes, mientras que las otras dos las usan para volar.

AUTOTEST

Babosa roja
Conejo
Erizo blanco
Escarabajo joya
Escorpión
Estrella de mar
Flamenco
Gekko
Mantis religiosa
Mariposa azul
Medusa del Japón
Oso polar
Pez rojo
Rana dardo
Rana verde

RESPUESTAS

¿Qué te han parecido estos animales tan vistosos y elegantes? ¿Cuántas especies has acertado?

Menos de ocho. ¡Bien! Eres un gran aprendiz.

Entre ocho y trece. ¡Bravo! Ya eres un experto en zoología.

Más de trece. ¡Eres genial!

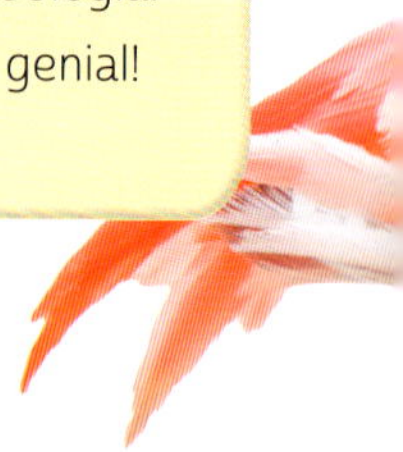

11

El cuerpo de este insecto es de color **verde metálico.** Este aspecto no es producido con pigmentos, sino gracias a la **iridiscencia** de la estructura microscópica de su exoesqueleto. Aunque son muy brillantes, esta adaptación les sirve para camuflarse entre la vegetación.

12

¿Quiénes son estos animales con un aspecto tan extraño? Son invertebrados **marinos** que presentan colores **rojos, naranjas, grises, marrones o azules.**

13

Es un **molusco** terrestre que podemos encontrar en bosques y praderas, pero también en jardines y zonas agrícolas. Aunque es nocturno, le gusta salir los días de lluvia. Su cuerpo puede ser de color **rojo, naranja, amarillo, marrón, gris** o incluso **negro.**

Secreta una mucosidad pegajosa para mantener la humedad y desplazarse.

Se caracterizan por tener cinco brazos o incluso... ¡más de 50!

Cuando son pequeños, sus plumas son de color gris y blanco.

Este pez es criado por los amantes de los acuarios debido a su gran variedad de colores y forma elegante, pero el color natural es **marrón y grisáceo.** Los ejemplares cultivados son rojos, naranjas, amarillos, azules y turquesas.

14

En su estado salvaje, esta especie tiene aletas cortas y mucho menos elegantes.

15

La dieta de estas aves consiste en algas microscópicas y pequeños crustáceos que en su interior tienen **pigmentos de colores rojos.** Además de su color, este animal llama la atención por sus largas patas.

Esta especie tiene plumas **azules** en la parte superior de su cuerpo, alas y cola, mientras que el aspecto de las plumas inferiores es **amarillo** intenso. Su cabeza está coronada con tonos **verde lima,** además de **blanco** y **negro.**

Elegantes plumas

Las plumas son una de las características que definen a las aves. Gracias a esta adaptación, estos vertebrados pueden volar y planear grandes distancias. Pero las plumas también sirven para mostrar elegantes trajes, camuflarse o protegerse del frío.

2
Solo los machos de estas aves presentan unas grandes y largas colas de colores **verdes, azules y marrones** brillantes. ¡Con ellas luce un impresionante abanico de plumas! Las hembras no tienen un aspecto tan llamativo.

3

Los machos de esta especie son inconfundibles. Su plumaje está decorado con **colores metálicos** verdes, marrones, morados y azulados. Así consiguen atraer a sus parejas. Las hembras tienen plumas más discretas con colores marrones.

4

Tanto los machos como las hembras de estas aves presentan un vestido de plumas **blancas, negras y azules.** El **color azul** no se debe a la presencia de pigmentos, sino a la estructura microscópica de la pluma que refleja la luz.

5

Las hembras y los machos de estas aves sudamericanas visten con **plumas verdes.** Según la especie, su cabeza puede aparecer decorada con colores negros, blancos, amarillos, rojos y azules.

6

Los carotenoides son unos pigmentos que dan a los organismos colores amarillos, naranjas y rojos. Las plumas de estas aves pueden ser de un tono **rosa intenso** si su dieta es rica en especies con muchos carotenos. En caso contrario, su vestido será rosa claro.

TIPOS DE PLUMAS

Las plumas son una característica presente en aves y algunos dinosaurios. Están hechas con queratina. El eje central de la pluma se conoce como raquis y desde él se ramifican unos filamentos denominados barbas. La parte inferior del eje se conoce como cañón.

1   2   3   4   5   6

Existen varios tipos de plumas:

Timoneras: 3, 6
Remeras: 1, 4
Contorno: 2, 5

39

7

Tiene una gran cola solo presente entre los machos. ¡Puede medir hasta 80 cm de largo! El plumaje de ellos es de color **rojo, azul, verde, blanco y amarillo,** mientras que las plumas de las hembras son marrones y poco llamativas.

Los machos de estas aves cuentan con unas largas plumas adornadas **con rayas.** Este vestuario forma parte del elegante vestido de colores que utiliza para atraer a las hembras.

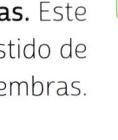 **8**

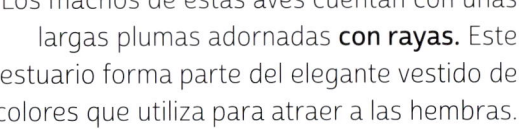

9

Algunas especies de aves han sido domesticadas por los humanos y seleccionadas para tener un aspecto muy elegante. Esta raza suele presentar un vestido completamente **negro** y una cabeza coronada por una melena de plumas **blancas.**

El aspecto de estas aves es increíble. Los machos cuentan con un **plumaje multicolor** con tonos azules, morados, verdes, amarillos y rojos metálicos que utilizan para sorprender a las hembras. Ellas tienen una coloración marrón, que es más eficaz para el camuflaje.

10

AUTOTEST

Abubilla
Arrendajo azul
Ave del paraíso
Faisán dorado
Flamenco
Gallo holandés
Grulla crestada
Guacamayo
Loro
Macho Lady
Monal del Himalaya
Pato mandarín
Pavo real
Pingüino
Secretario

RESPUESTAS

¿Qué te han parecido el colorido y llamativo aspecto de estas aves? ¿Cuántas especies has acertado?

Menos de ocho. ¡Seis! Ya eres un aprendiz de ornitología.

Entre ocho y trece. ¡Genial! Eres un experto en animales.

Más de trece. ¡Eres un genio!

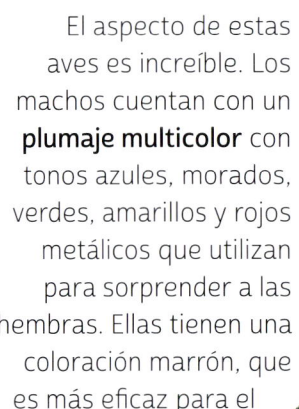

11 Es un ave que destaca por su **cresta naranja** con manchas negras y blancas, la cual mantiene plegada cuando no le hace falta. Este llamativo atuendo hace juego con sus alas de rayas negras y blancas.

12 Los machos de esta especie cuentan con un plumaje **castaño rojizo,** para diferenciarse de las hembras que son menos llamativas. Además, desde su cola sobresalen dos largas plumas negras.

Podemos identificar esta especie gracias a su cresta de plumas negras que despliega mientras caza.

13 Es una **gran ave rapaz** que pasa la mayor parte del tiempo en tierra. Allí busca pequeñas presas entre la vegetación y las captura con sus largas patas.

14 Además de servir como adornos o camuflaje, las plumas son una excelente **adaptación para mantener el calor.** Esta especie habita en uno de los lugares más fríos del planeta. ¡Gracias a sus plumas puede soportar temperaturas inferiores a -20 ºC!

En su piel hay cinco plumas por cada cm cuadrado. Es el ave con mayor densidad de plumas.

15 Esta ave que mide hasta 1 m de altura. Puede reconocerse por su **cresta amarilla y manchas rojas** en la cabeza, así como por su plumaje negro, blanco y gris.

La forma de estos huevos es oblonga (más alargados que anchos).

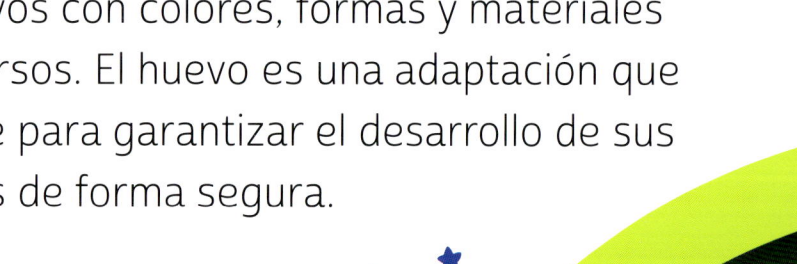

Salir del huevo

En el reino animal existen muchos tipos de huevos con colores, formas y materiales diversos. El huevo es una adaptación que sirve para garantizar el desarrollo de sus crías de forma segura.

1 La mayoría de estos **reptiles** ponen huevos que abandonan poco después de la puesta. Estos huevos suelen ser de color **blanco amarillento** y su cáscara tiene un tacto suave además de ser algo flexible.

Las madres de estos reptiles construyen **nidos en la tierra** para cobijar sus huevos. Al igual que pasa en otros grupos de reptiles, sus crías serán machos o hembras según la temperatura a la que se incuben.

Cada hembra puede poner entre 200 y 400 huevos que eclosionan en aproximadamente una semana.

3

Para poner los huevos, las hembras de estos insectos buscan los árboles que más le gustan a sus larvas. Cuando encuentra el sitio ideal, hace la puesta en el **envés de las hojas** donde los huevos estarán más protegidos.

Sus huevos pueden parecer semillas para confundir a las hormigas. ¡Así los llevan a sus hormigueros donde estarán protegidos!

4

¿De quién puede ser estos huevos de color rosado? Se trata de una especie de **molusco** que pone sus huevos en las plantas acuáticas. ¡Cada puesta puede tener entre 200 y 300 huevos!

5

Estos insectos son unos **maestros del camuflaje** que pueden esconderse perfectamente entre la vegetación. Algunas de estas especies ponen huevos sin necesidad de aparearse. ¡Sus crías son clones!

¿De qué pez puede ser este huevo tan extraño? Algunas especies de este grupo de animales ponen huevos de colores **marrones o negros** que recuerdan a **pequeñas bolsas.** ¡Parecen bolsos de sirena!

6

Sus huevos tienen largos filamentos para sujetarlos a objetos del fondo marino y mantenerlos ocultos.

CICLO DE LA VIDA

Estos animales son famosos por pasar varias etapas: Cuando nacen, viven en el agua como renacuajos y tras la metamorfosis se convierten en adultos.

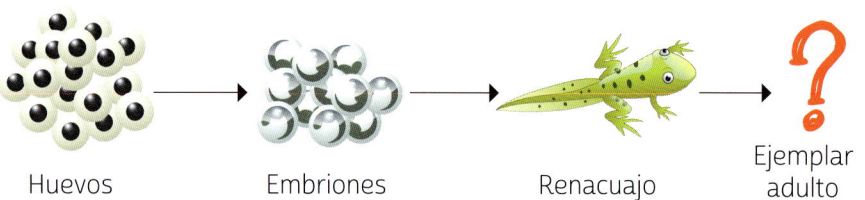

Huevos → Embriones → Renacuajo → Ejemplar adulto

7

Los huevos de estos animales son **transparentes y gelatinosos** para mantener la humedad, protegerlos y permitir la entrada de oxígeno. Tras la puesta, los huevos permanecen unidos gracias a esta sustancia.

¡Cada hembra puede producir entre 2 000 y 3 000 huevos!

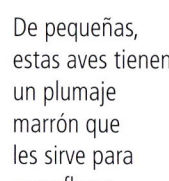

8

Los huevos de estos peces son redondos, de color anaranjado y muy pequeños. ¡Tienen un tamaño de entre 4 y 5 mm! Su madre los oculta **entre las piedras** y la grava de los ríos para que se desarrollen.

AUTOTEST

Avestruz
Caracol
Cisne
Cocodrilo
Codorniz
Insecto palo
Petirrojo americano
Polilla
Pollito
Rana
Serpiente
Tiburón
Trucha arcoíris

RESPUESTAS

¿Cuántos de estos huevos has logrado identificar? ¿Has reconocido al pez que pone huevos en forma de bolsa?

Menos de siete. ¡Bravo! Te estás convirtiendo en un gran aprendiz.

Entre siete y once. ¡Felicidades! Eres un experto en zoología.

Mas de once. ¡Eres genial!

De pequeñas, estas aves tienen un plumaje marrón que les sirve para camuflarse.

Las hembras de esta especie ponen los huevos en nidos compartidos que son construidos por un macho. ¡A su cargo pueden tener hasta 40 huevos!

9

Los huevos de estas aves son **los más grandes** que existen. ¡Tienen un tamaño de 15 cm de largo y pesan más de 1 kg! Al igual que en otras aves, tiene una cáscara dura.

10 La hembra de esta especie de ave construye pequeños **nidos en el suelo** donde pondrá entre ocho y 13 huevos. Pasados unos 20 días, todos los huevos eclosionan al mismo tiempo.

La cáscara de estos huevos tiene manchas de color marrón oscuro para camuflarlos con el suelo.

11 Es un ave que vive en América del Norte y construye un nido mullido para sus preciosos huevos de **color azul Tiffany.**

12 ¡Sus huevos son los más famosos de todos! La madre de estas aves cuida e **incuba los huevos** para darles calor hasta que eclosionan pasados aproximadamente 21 días.

13 Tanto las **hembras** como los **machos** de estas aves se ayudan para construir el nido y se turnan para cuidar los huevos. En cada nido puede haber entre cuatro y 10 huevos que nacen tras 30 días de incubación.

Ninguno es feo.

Cuando están a punto de nacer, sus madres cloquean suavemente para animarlos a salir.

HUEVOS DE AVES

El huevo con cáscara dura es una genial adaptación para proteger a los embriones. Entre las aves, los huevos pueden ser de distintos tamaños y colores y a veces conociendo su aspecto identificamos a la especie.

Tordo

Codorniz

Gallina de Guinea

Gallina

Gallina pura sangre

Pavo real

Pato

Ganso

Emú

Esta especie usa sus aletas en forma de abanico para acorralar a sus presas.

1

Las rayas rojizas y blancas de este pez sirven para advertir que está defendido por **espinas dorsales venenosas**. Gracias a esta defensa evita que se lo coman otros depredadores como los tiburones.

2

Estos reptiles tienen una **fila de espinas** a lo largo de la espalda, que también se extiende hacia la cola. Le sirven para protegerse de los depredadores.

Las espinas son más largas y gruesas en los machos que en las hembras.

Púas y pinchos

Las púas y las espinas son una defensa genial frente a los depredadores o los enemigos. Esta adaptación está presente en muchos tipos de animales, desde invertebrados hasta peces, reptiles y mamíferos.

3

Cuando se siente amenazado, este pez puede hincharse como un **globo** y erizar sus largas espinas. También cuenta con veneno para defenderse. ¡Mejor no tocarlo!

4

Se trata de una especie que vive en algunas regiones de Australia. El cuerpo de este reptil está cubierto por **espinas duras y afiladas** que son muy útiles para defenderse de los depredadores.

Es capaz de sobrevivir en los desiertos gracias a su piel que... ¡puede absorber el agua del rocío!

5 ¡Parecen una **bola** con pinchos! Son animales invertebrados que viven en el fondo marino. Sus **afiladas espinas** son una defensa muy efectiva. Además, algunas especies también son venenosas.

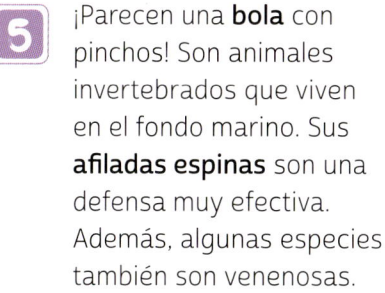

6 Cuando se encuentran con un depredador, se ponen de espalda erizando todas sus **espinas.** También puede agitar las espinas para hacer un ruido característico y amenazante. ¡Algunas de sus púas miden 35 cm de largo!

7

Estos invertebrados se sirven de sus espinas para defenderse de peces depredadores. Así pueden caminar tranquilas **por el fondo marino** mientras se alimentan de corales, esponjas y almejas.

8 Estos mamíferos son famosos por estar recubiertos por miles de **púas** para defenderse. ¡Algunas especies tienen entre 5 000 y 7 000 púas! Si se sienten en peligro, se hacen una bola.

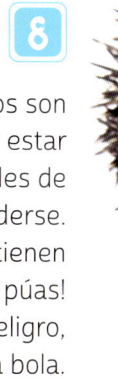

Parece un erizo, pero no lo es. ¡En realidad está **emparentado con los ornitorrincos!** Su cuerpo está cubierto por un vestido de púas defensivas.

9

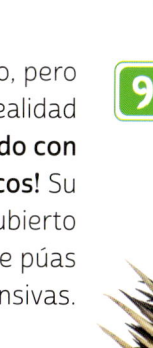

1 Al igual que otros crustáceos, estos animales cuentan con un **exoesqueleto** que funciona como una armadura. Sin embargo, también utilizan los **caparazones de caracoles** marinos muertos como refugio.

Además sobre ellos pueden llevar una o varias anémonas. ¡Así están protegidos con sus tentáculos venenosos!

Estos mamíferos están protegidos con una armadura hecha por **placas de hueso.** ¡También les cubre la cabeza como si fuera un casco! El único sitio que tienen desprotegido es la zona de la barriga.

Escudos protectores

Caparazones, corazas o exoesqueletos son adaptaciones muy útiles para protegerse frente a los carnívoros y otros peligros de la naturaleza. En el reino animal, desde los artrópodos hasta los mamíferos, hay muchos ejemplos de estas defensas.

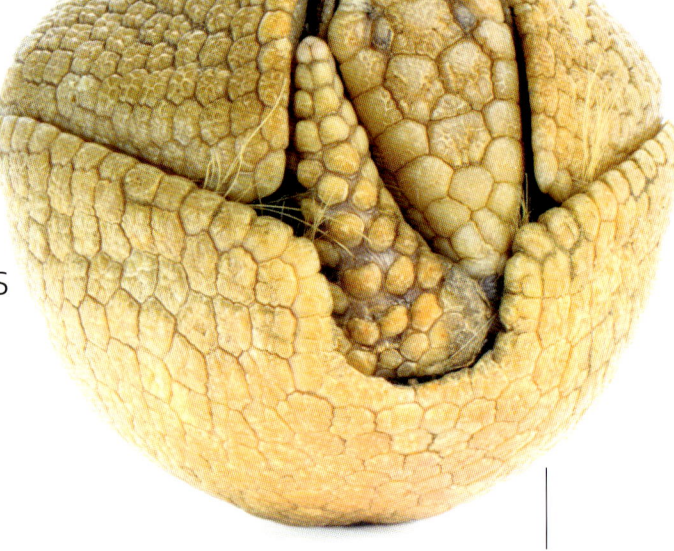

Algunas especies de este grupo pueden enrollarse en una bola a modo de defensa.

Su cola en forma de espada le ayuda a mantener el rumbo mientras nada y a voltearse cuando queda boca arriba.

3 ¿Quién es este animal tan extraño? Esta especie vive en la costa este de América del Norte y pertenece al grupo de los **artrópodos.** Aunque su nombre indica otra cosa, está emparentado con los arácnidos. ¡Su duro exoesqueleto le protege de los depredadores!

Estos animales son crustáceos que habitan en la tierra.

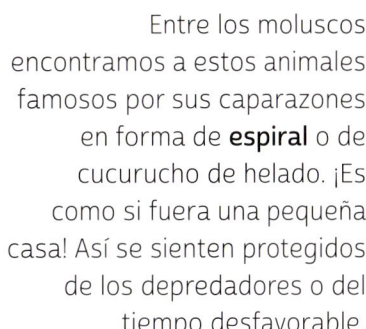
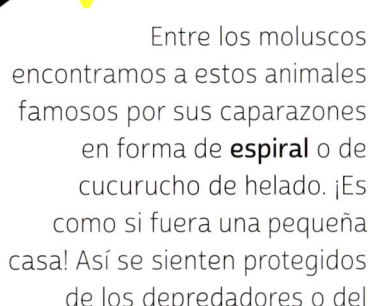

5

Entre los moluscos encontramos a estos animales famosos por sus caparazones en forma de **espiral** o de cucurucho de helado. ¡Es como si fuera una pequeña casa! Así se sienten protegidos de los depredadores o del tiempo desfavorable.

La concha de este animal puede llegar a medir hasta 13 cm.

4 Son artrópodos cuyo exoesqueleto tiene forma de caparazón y cubre la parte superior de su cuerpo. Si se sienten amenazados, algunas especies ¡pueden enrollarse en una **bola**!

7

El grupo al que pertenece este animal se diferencia por poseer **dos alas endurecidas**. Esta adaptación funciona como una coraza. Debajo de ellas, tiene otras dos alas que usa para volar.

AUTOTEST

Armadillo
Bicho bola
Cangrejo cacerola
Cangrejo ermitaño
Caracol gigante
Escarabajo rinoceronte
Mejillón
Tortuga Carey

6 Estos moluscos marinos tienen unas **fuertes corazas** para defenderse de los depredadores y otros peligros. Dicho escudo está compuesto por **dos valvas**.

RESPUESTAS

¿Cuántos de estos animales acorazados has descubierto? ¿Has adivinado la identidad del extraño artrópodo con cola en forma de espada?

Menos de cuatro. ¡Bien! Eres un gran aprendiz.

Entre cuatro y seis. ¡Bravo! Eres un experto en animales.

Mas de seis. ¡Eres un genio!

8 Es un reptil marino que está protegido gracias a un **caparazón** hecho de hueso. Sobre este caparazón pueden vivir miles de pequeños animales, desde percebes hasta gusanos microscópicos, que viajan con ella por el océano.

1 La mayoría de las huellas de las aves pueden identificarse por la presencia de **tres dedos** delanteros. Esta especie además tiene una **membrana** que une sus dedos. Sus patas palmeadas nos indican que es un animal nadador.

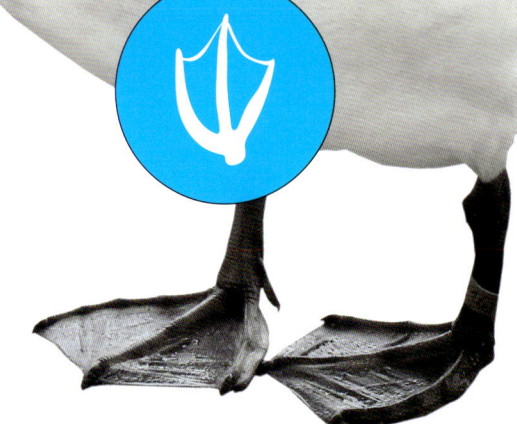

Es un ave semiacuática que pasa la mayor parte del tiempo buscando comida en la superficie de ríos y lagos.

Algunos ejemplares pueden crecer hasta los 4 m de largo y pesar más de 2 toneladas.

Huellas con personalidad

En la naturaleza no siempre es fácil ver a los animales. Muchos de ellos prefieren mantenerse ocultos o solo visitan un sitio cuando no estamos allí. El estudio de las huellas nos permite determinar qué especies hay en el lugar.

2 Sus huellas se caracterizan por la presencia de tres gruesos dedos. Estos animales viven en África, aunque existen algunas especies en India y la región del sudeste asiático. Son famosos por sus **cuernos.**

Sus extremidades delanteras están adaptadas para excavar la tierra o el sustrato.

3 Estos reptiles viven en ambientes terrestres, aunque también pueden ser animales semiacuáticos. Sus patas son robustas y con **forma de columna** para poder levantar el pesado peso de su caparazón.

Sus huellas pueden diferenciarse de otros felinos porque presentan tres lóbulos en la almohadilla principal.

Esta especie tiene dimorfismo sexual en la edad adulta y los machos se distinguen por su melena.

4

Las huellas de este animal no presentan **garras** porque están **retraídas.** Aunque las garras pueden aparecer en las huellas si estaba corriendo. Este felino es un gran depredador de África, aunque también podemos encontrarlo en Asia y Oriente Medio.

5

Al ser felinos, las huellas de estos animales presentan cuatro dedos sin garras. Mientras caminan, retraen sus garras de la misma forma que hacen los gatos. Es un **gran felino depredador** que podemos encontrar en las sabanas de África. Los machos de esta especie son conocidos por su gran **melena.**

Las uñas de sus patas le ayudan a buscar comida enterrada o entre la hojarasca.

Las huellas de este animal son parecidas a la de otros cánidos como los perros. Muestran cuatro dedos con garras. Es una especie que pertenece al grupo de los cánidos. Tienen un tamaño medio y algunos son famosos por su **pelaje rojo intenso.**

6

Es un depredador de hábitos nocturnos.

7

Este animal es pentadáctilo. Es decir, que tiene cinco dedos en cada una de sus patas. Es un mamífero de pequeño tamaño y **hábitos nocturnos** que habita en los bosques donde busca alimento gracias a su olfato.

Su hábitat predilecto son los árboles, pero también podemos verlos en las paredes de los edificios.

8

Las patas de estos animales son pequeñas con respecto al resto de su cuerpo. Están provistos de cuatro dedos en cada pata. Además son **palmeadas** para poder nadar. Este tamaño se debe a que son semiacuáticos y pasan poco tiempo en tierra.

9 ¿A qué reptil pertenecen estas extrañas huellas? Son animales con cinco dedos planos y anchos. Gracias a sus patas especiales **pueden trepar** por todo tipo de superficies.

Le gusta comer muchos tipos de plantas, pero también carroña y pequeños animales.

10

Este gran mamífero es pentadáctilo. Sus huellas son grandes. En ellas podemos ver sus **cinco dedos** terminados en garras. Es una especie solitaria con una alimentación omnívora.

AUTOTEST

Castor
Cebra
Ciervo
Cisne
Cocodrilo
Erizo
Gekko
Gorrión
Hipopótamo
León
Leopardo
Oso pardo
Rinoceronte
Tortuga
Zorro

RESPUESTAS

¡Este reto era difícil! ¿Cuántas huellas has conseguido adivinar? ¿Sabrías decir cuál es la diferencia entre la huella de un gato y de un perro?

Menos de ocho. ¡Bien! Eres un aprendiz fabuloso.

Entre ocho y trece. ¡Maravilloso! Eres un experto en huellas.

Mas de trece. ¡Eres un genio!

11 Como también ocurre con otros equinos, sus patas terminan en un solo dedo cubierto por una **dura pezuña.** Se trata de un animal herbívoro que vive en manadas y cuenta con un pelaje de rayas negras y blancas.

Los machos de esta especie son famosos por su gran cornamenta.

12 En sus huellas podemos apreciar dos dedos que se corresponden con las pezuñas. Es un animal herbívoro que prefiere vivir en compañía de otros formando **manadas.**

Esta especie solo podemos encontrarla en África. Es pariente de los caballos.

Sus huellas son pequeñas, con tres dedos delanteros y un cuarto trasero. Siempre veremos dos huellas juntas porque ¡caminan dando **saltitos!** A estas simpáticas aves podemos verlas en la naturaleza, pero también en los pueblos y las ciudades.

13

¡Siempre están atentos a cualquier resto de comida!

Al igual que otros roedores, estos animales tienen cinco dedos en las patas delanteras y cuentan con las patas traseras palmeadas. Se trata de un roedor de gran tamaño famoso por **construir presas** con ramas y troncos en ambientes acuáticos.

14

15 Las huellas de estos animales muestran cinco dedos alargados con grandes uñas. Estos **reptiles** cuentan con patas palmeadas que son muy útiles para girar o hacer movimientos rápidos en el agua. ¡Así pueden sorprender a sus presas!

Cuentan con una cola ancha y plana que les sirve para nadar y bucear.

53

Páginas
6-7

1. Gorila

2. Elefante

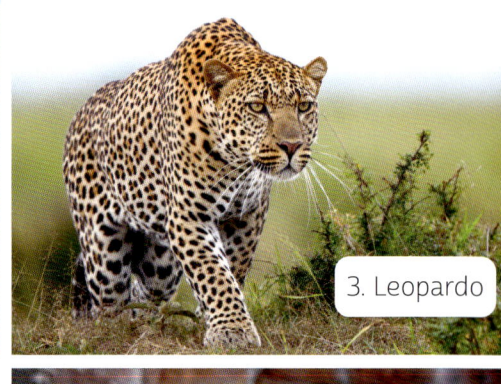

3. Leopardo

4. Pájaro

5. Jirafa

6. Oso

Páginas
8-9

7. Rana

8. Piraña

9. Serpiente

10. Salamandra

11. Delfín

12. Cocodrilo

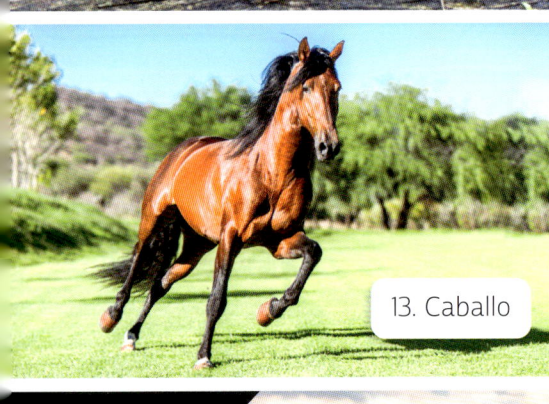

13. Caballo

14. Cangrejo

15. Pez

Páginas
10-11

1. Caballo

2. Topo

3. Tiburón

4. Estrella de mar

5. Elefante

6. Milpiés

7. Pulpo

8. Murciélago

9. Primate

Páginas 12-13

10. Canguro

11. Pollito

12. Águila

13. Rana

14. Avestruz

15. Tarántula

16. Perezoso

17. Gato

18. Gekko

Páginas 14-15

1. Camaleón

2. Ballena azul

3. Jirafa

4. Pavo real

5. Rana

6. Escorpión

7. Perro

8. Lémur de cola anillada

Páginas 16-17

9. Tortuga

10. Ardilla

11. Cocodrilo

12. Serpiente de cascabel

13. Cerdo

14. Conejo

15. Pez

16. Loro

17. Ratón

Páginas 18-19

1. Flamenco

2. Pato

3. Espátula

4. Frailecillo

5. Tucán

6. Cigüeña

Páginas 20-21

7. Loro

8. Picozapato

9. Avoceta común

10. Pollito

11. Águila

12. Cuervo

13 Ornitorrinco

14. Pingüino

15. Pelícano

Páginas 22-23

1. Lamprea

2. Tiburón

3. Hipopótamo

4. Cocodrilo

5. Tortuga

6. Tigre

7. Foca

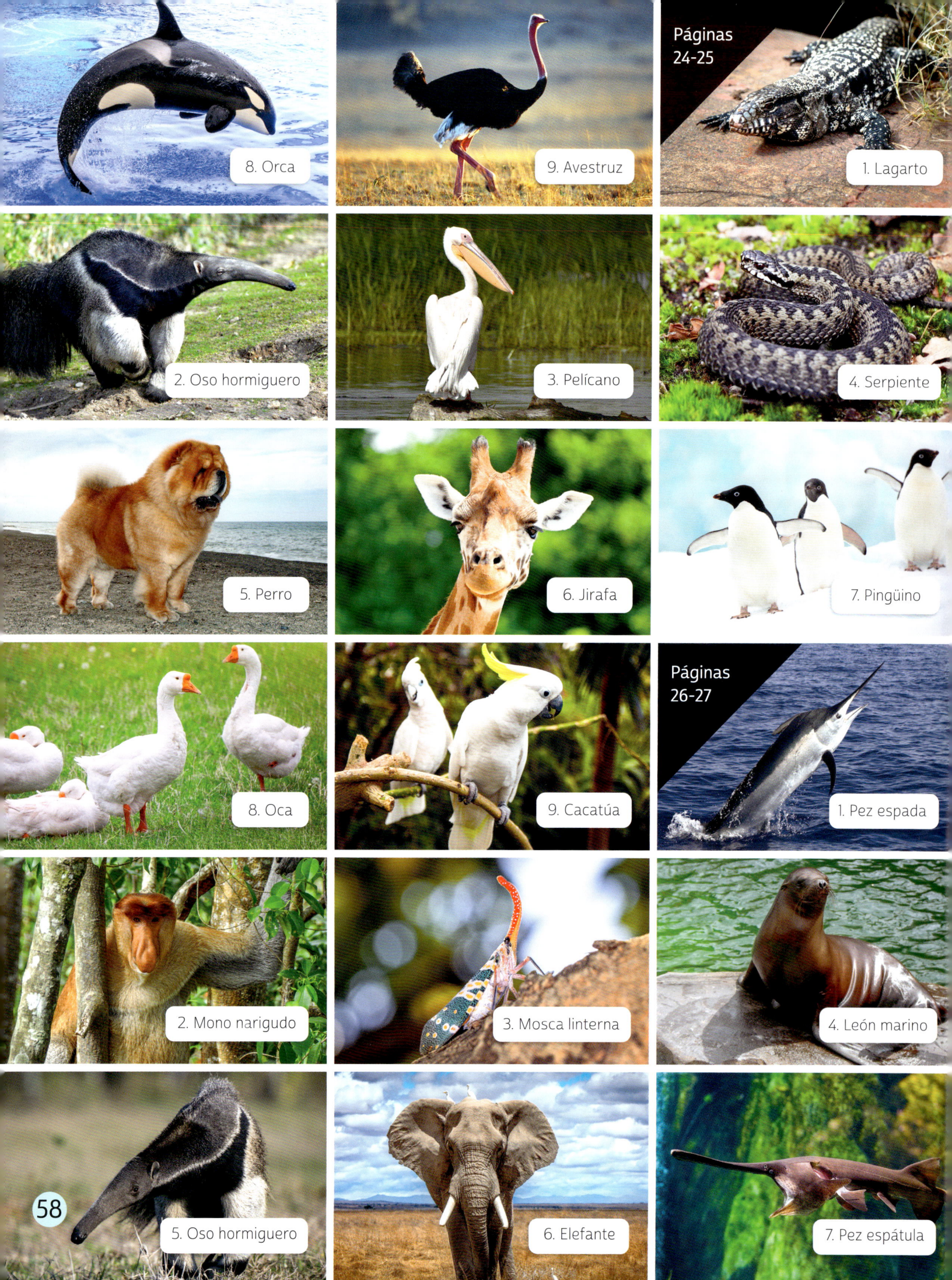

8. Orca

9. Avestruz

Páginas 24-25

1. Lagarto

2. Oso hormiguero

3. Pelícano

4. Serpiente

5. Perro

6. Jirafa

7. Pingüino

8. Oca

9. Cacatúa

Páginas 26-27

1. Pez espada

2. Mono narigudo

3. Mosca linterna

4. León marino

58

5. Oso hormiguero

6. Elefante

7. Pez espátula

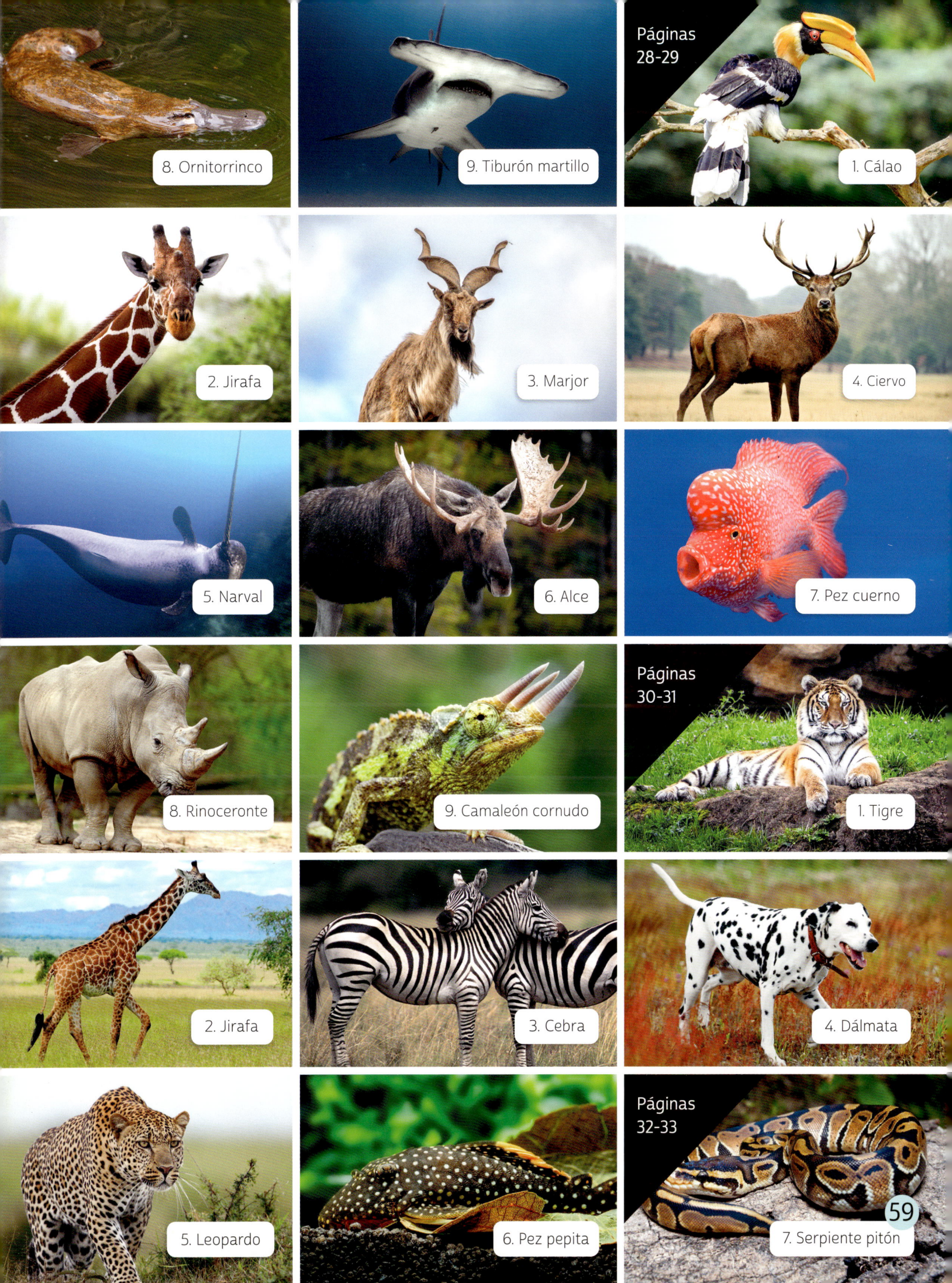

8. Ornitorrinco

9. Tiburón martillo

Páginas 28-29

1. Cálao

2. Jirafa

3. Marjor

4. Ciervo

5. Narval

6. Alce

7. Pez cuerno

8. Rinoceronte

9. Camaleón cornudo

Páginas 30-31

1. Tigre

2. Jirafa

3. Cebra

4. Dálmata

5. Leopardo

6. Pez pepita

Páginas 32-33

7. Serpiente pitón

8. Mariposa monarca

9. Salamandra

10. Iguana

11. Pez payaso

12. Oruga

13. Tarántula

Páginas 34-35

1. Oso polar

2. Escorpión

3. Erizo blanco

4. Medusa del Japón

5. Conejo

6. Rana dardo

7. Mariposa azul

8. Mantis religiosa

Páginas 36-37

9. Rana verde

10. Gekko

11. Escarabajo joya

12. Estrella de mar

60

13. Babosa roja

14. Pez rojo

15. Flamenco

Páginas 38-39

1. Guacamayo

2. Pavo real

3. Pato mandarín

4. Arrendajo azul

5. Loro

6. Flamenco

Páginas 40-41

7. Macho Lady

8. Faisán dorado

9. Gallo holandés

10. Monal del Himalaya

11. Abubilla

12. Ave del paraíso

13. Secretario

14. Pingüino

15. Grulla crestada

Páginas
42-43

1. Serpiente

2. Cocodrilo

3. Polilla

4. Caracol

5. Insecto palo

6. Tiburón

Páginas
44-45

7. Rana

8. Trucha arcoíris

9. Avestruz

10. Codorniz

11. Petirrojo americano

12. Pollito

13. Cisne

Páginas
46-47

1. Pez León rojo

2. Iguana

3. Pez globo

4. Demonio espinoso

5. Erizo de mar púrpura

6. Puercoespín

7. Estrella de mar

8. Erizo

9. Equidna

Páginas 48-49

1. Cangrejo ermitaño

2. Armadillo

3. Cangrejo cacerola

4. Bicho bola

5. Caracol gigante

6. Mejillón

7. Escarabajo rinoceronte

8. Tortuga Carey

63

Páginas 50-51

1. Cisne

2. Rinoceronte

3. Tortuga

4. Leopardo

5. León

6. Zorro

7. Erizo

Páginas 52-53

8. Hipopótamo

9. Gekko

10. Oso pardo

11. Cebra

12. Ciervo

64

13. Gorrión

14. Castor

15. Cocodrilo